Usu Mõõt

„Sest selle armu tõttu, mis mulle on antud, ütlen ma igaühele teie seast, et ta ei mõtleks üleolevalt selle kohta, mida tuleb mõtelda, vaid mõtleks nõnda, et saaks arukaks sedamööda, kuidas Jumal igaühele usu mõõdu on jaganud."

(Roomlastele 12:3)

Usu Mõõt

Dr. Jaerock Lee

Usu Mõõt, autor: Dr. Jaerock Lee
Kirjastaja: Urim Books (Esindaja: Kyungtae Noh)
73, Yeouidaebang-ro 22-gil, Dongjak-gu, Seoul, Korea
www.urimBooks.com

Autoriõigusele allutatud. Seda raamatut või selle osasid ei ole lubatud kirjastaja kirjaliku loata mingil kujul eprodutseerida, otsingusüsteemis säilitada ega edastada mingil kujul ega mingite elektroonsete, mehaaniliste vahenditega sellest fotokoopiaid ega salvestusi teha ega seda mingil muul viisil edastada.

(Piiblitsitaadid: Piibel, Tallinn, 1997 – Eesti Piibliseltsi väljaanne) Palun pange tähele, et teatud asesõnad Piibli kirjakohtades on kirjutatud suurte algustähtedega, et tähistada Isa, Poega ja Püha Vaimu ning see võib erineda Piibli kirjastajate kasutatavast tavast.

Autoriõigus © 2016 – Dr. Jaerock Lee
ISBN: 979-11-263-0139-3 03230
Tõlke autoriõigus © 2011 – Dr. Esther K. Chung. Kasutatud autori loal.

Eelnevalt välja antud korea keeles: Urim Books, 2002

Esmaväljaanne augustis, 2016

Toimetaja: Dr. Geumsun Vin
Kujundaja: Urim Books toimetusbüroo
Trükkija: Yewon Priting Company
Lisateabeks võtke palun ühendust aadressil: urimbook@hotmail.com

Eessõna

Soovides, et igaühel teie seast oleks kogu vaimu mõõdus usku ja et te võiksite nautida igavest taevast au Taevases Jeruusalemmas, kus on Jumala aujärg!

Koos hiljuti kirjastatud raamatuga *Risti Sõnum,* on *Usu Mõõt* hea kristliku elu kõige olulisem ja tähtsam juhis. Ma annan kogu tänu ja au Isa Jumalale, kes õnnistas seda väärtuslikku tööd kirjastamiseks ja ilmutab vaimusfääri arvukatele inimestele.

Tänapäeval on palju inimesi, kes väidavad end uskuvat, kuid kes ei ole oma päästmises kindlad. Nad ei tea usu mõõdu kohta ega seda kui suur peaks olema nende usk, et pääsemist vastu võtta. Inimesed räägivad üksteise kohta: „Sellel inimesel on palju usku" või „Selle inimese usk on väike." Kuid ei ole lihtne teada, kui palju teie usku Jumal tegelikult vastu võtab ega mõõta, kui suur teie usk on või kui palju see on kasvanud. Jumal ei taha, et meil oleks lihalik usk, vaid vaimne usk, millega kaasnevad teod. Öeldakse, et inimestel on lihalik usk kui nad vaid kuulevad Jumala Sõna ja õpivad seda tundma ning õpivad selle siis pähe ja talletavad selle teadmisena. Me ei saa vaimset usku oma tahte teel; seda võib anda vaid Jumal.

Sellepärast õhutatakse meid Roomlastele 12:3: *„Sest selle armu tõttu, mis mulle on antud, ütlen ma igaühele teie seast, et ta ei mõtleks üleolevalt selle kohta, mida tuleb mõtelda, vaid mõtleks nõnda, et saaks arukaks sedamööda, kuidas Jumal igaühele usu mõõdu on jaganud."* Selles salmis räägitakse, et Jumal on andnud inimesele vaimse usu ja Tema vastused ja õnnistused erinevad vastavalt iga inimese usu mõõdule.

1. Johannese 2:12 ja järgmistes salmides kujutatakse iga inimese nagu imikute/väikelaste, laste, noorte ja isade usu kasvu. 1. Korintlastele 15:41 on kirjas: *„Isesugune on päikese kirkus ja isesugune kuu kirkus ja isesugune tähtede kirkus, sest ka täht erineb tähest kirkuse poolest."* See lõik meenutab, et iga inimese taevane asupaik ja au erinevad

vastavalt tema usu mõõdule. Tähtis on saada päästetud ja Taevasse minna, kuid on oluline teada, missugusesse taevasesse asupaika me siseneme ja missugused aukroonid ja autasud me saame.

Armastuse Jumal tahab, et Tema lapsed tõuseksid täide usu mõõtu ja ootab pikisilmi nende tulekut Uude Jeruusalemma, kus on Tema aujärg ja igatseb nendega seal igavesti elada.

Usu Mõõt selgitab viit usu- ja taevariigi taset Jumala südame ja Sõna õpetusega vastavuses ja aitab lugejal mõõta tema usutaset. Usu mõõtu ja taevariigi asupaiku võib jagada rohkem kui viieks tasemeks, aga see töö kirjeldab üksikasjalikult neid viit taset, et aidata lugejaid asjast paremini aru saada. Ma soovin, et te liiguksite taevases suunas veel elujõulisemalt, võrreldes oma usku Piibli esiisade usuga.

Aastate eest ma palusin, et ma võiksin saada ilmutusi mõne raskesti arusaadava piiblisalmi kohta. Siis hakkas

Jumal ühel päeval mulle selgitama, et taevariik oli jagatud ja igale Tema lapsele antud taevased eluasemed erinesid nende usu mõõdu kohaselt.

Pärast kuulutasin ma taevastest eluasemetest ja usu mõõdust ja toimetasin selle teose avaldamiseks neid sõnumeid. Ma tänan Geumsun Vini, toimetusbüroo direktorit ja paljusid ustavaid töötegijaid. Ma tänan ka tõlkebürood.

Ma palun meie Isanda Jeesuse Kristuse nimel, et iga *Usu Mõõdu* lugeja võiks saada täie usu mõõdu, kogu vaimse usu ja kogeda igavest au Uues Jeruusalemmas, kus asub Jumala aujärg!

Jaerock Lee

Sissejuhatus

Lootes, et sellest tööst saab hindamatu juhis iga üksikisiku usu mõõtmiseks ja et see viib palju inimesi Jumalale meelepärase usu mõõduni...

Usu Mõõt vaatleb viit usutasandit Jeesuse Kristuse alles vastuvõtnud ja Püha Vaimu saanud vaimsete imikute/väikelaste usu mõõdust ene aja algust olemas olnud Jumalat tundvate usuisade usu mõõduni. Selle teose kaudu võib igaüks oma usu mõõtu umbkaudu hinnata.

1. peatükis „Mis on usk?" määratletakse usk ja kirjeldatakse üksikasjalikult Jumalale meelepärast usku ja vastuseid ja õnnistusi, mis järgnevad Jumalale meelepärasele usule. Piiblis liigitatakse usku kahte liiki: „lihalikuks usuks" või „teadmisteusuks" ja „vaimseks usuks." Selles peatükis räägitakse, kuidas saada vaimset usku ja elada õnnistatud elu Kristuses.

Peamiselt 1. Johannese 2:12-14 põhinev teine peatükk

„Vaimse usu kasv" kirjeldab vaimse usu kasvuprotsessi, samastades seda inimese kasvuga imikutest/väikelastest lasteks, noorteks ja isadeks. Teiste sõnadega, pärast Jeesuse Kristuse vastuvõtmist kasvab inimene usus vaimselt: imiku usust täiskasvanu usuni.

3. peatükis „Igaühe usu mõõt" selgitatakse iga üksikisiku usu mõõtu tähendamissõnaga tööst, mis jääb pärast õlgedest, heinast, puust, kalliskividest, hõbedast ja kullast usu tules läbikatsumist alles. Jumal tahab, et me saaksime kullast usu, mille töö ei põle kunagi mingites tulistes läbikatsumistes ära.

4. peatükis „Usk päästmise vastuvõtmiseks" selgitatakse usu kõige väiksemat või madalamat mõõtu – esimest viiest usutasemest. Niisuguse usuga saadakse häbistav pääsemine. Seda usu mõõtu kutsutakse ka „imikute/väikelaste usuks" või „heinausuks." Üksikasjalike näidete varal õhutab see peatükk meid usus kiiresti täiskasvanuks saama.

5. peatükis „Usk püüda sõnakuulelikult elada" öeldakse, et me oleme teisel usutasemel kui me püüame Sõna täita, kuid ei suuda seda teha ja selles faasis esineb suurimaid raskusi usust Isandasse kinnihoidmisega. Selles peatükis õpetatakse meile ka, kuidas

usus kolmandale usutasemele minna.

6. peatükis „Usk Sõna järgi elamiseks" vaadeldakse lühidalt protsessi, kus usk algab esimesel tasemel, küpseb teisel tasemel, liigub varasesse staadiumisse kolmandal tasemel ja tõuseb usukaljuks, kus saavutatakse rohkem kui 60% kolmandast usutasemest. Selles peatükis kirjeldatakse üksikasjalikult ka erinevust kolmanda taseme algstaadiumi ja kaljukindla usu vahel, miks me ei pea tundma end koormatuna kui me seisame kindlalt usukaljul ja verevalamiseni pattude vastu võitlemise tähtsust.

7. peatükis „Usk armastada Isandat ülimal määral" selgitatakse kolmandal usutasemel ja neljandal usutasemel olevate inimeste paljusid erinevusi Isanda armastamisel ja uuritakse eriliiki õnnistusi, mis tabavad neid, kes armastavad Isandat ülimal määral.

8. peatükis „Usk Jumala meeltmööda olekuks" selgitatakse, missugune on viies usutase. Selles peatükis räägitakse, et viienda usutaseme saavutamiseks ei tule meil endid üksnes täielikult pühitseda nagu Eenok, Eelija, Aabraham ja Mooses tegid, vaid olla ka ustav kogu Jumala kojas, teostades kõiki Jumalalt saadud

ülesandeid. Lisaks tuleb meil olla täielik ja jõuda kohta, kus me anname isegi oma elu Isandale ning oleme Kristuse usuga, mis on kogu vaimu usk. Lõpuks kirjeldatakse selles peatükis igasuguseid õnnistusi, mida me võime omada, kui me oleme Jumalale viiendal usutasemel meelepärased.

Järgmises peatükis „Usklikega kaasas käivad märgid" räägitakse, et kui me saame täiusliku usu, kaasnevad meie usuga imelised tunnustähed. Pealegi, Jeesuse tõotuse alusel, mis on ära toodud Markuse 16:17-18, uuritakse selles peatükis neid tunnustähti ühekaupa. Selles peatükis rõhutab autor samuti, et jutlustaja peaks edastama väelisi sõnumeid, millega kaasnevad imelised tunnustähed ja tunnistama nende imedega elavast Jumalast, et paljudele inimestele tugevat usku anda ajastul, mil maailm on täis patte ja kurjust.

Lõpuks teatatakse 10. peatükis „Erinevad taevased asukohad ja aukroonid," et taevariigis on palju eluasemeid ja igaüks saab usu läbi paremasse eluasemesse siseneda ja see au ja tasud erinevad tunduvalt taevariigi eri tasemete vahel. Eriti, selleks et aidata lugejatel taevariigi lootuses ja usus parema eluaseme suunas joosta, tehakse selles peatükis lõppjäreldus Jumala aujärje asukoha – Uue Jeruusalemma ilu ja imepära lühida kirjelduse teel.

Kui me saame aru, et taevaste asupaikade ja iga inimese usu mõõdu alusel saadavate autasude vahel on märgatavad erinevused, muudab see arusaam kahtlemata põhjalikult inimese ellusuhtumist Kristuses.

Ma loodan, et igal *Usu Mõõdu* lugejal on Jumalale meelepärane usk ja nad saavad oma palvetele vastuse ning austavad Teda väga.

Geumsun Vin
Toimetusbüroo direktor

Sisukord

Eessõna

Sissejuhatus

1. peatükk
{ Mis on usk? } • 1

1. Jumalale meelepärase usu määratlus
2. Usuväel ei ole piire
3. Lihalik usk ja vaimne usk
4. Vaimse usu omamine

2. peatükk
{ Vaimse usu kasv } • 25

1. Imikute/väikelaste usk
2. Laste usk
3. Noorte usk
4. Isade usk

3. peatükk
{ Igaühe usu mõõt } • 41

1. Jumala antud usu mõõt
2. Igaühe erinev usu mõõt
3. Tules läbi katsutud usu mõõt

4. peatükk
{ Usk pääsemise vastuvõtmiseks } • 55

1. Esimene usutase
2. Kas te saite Püha Vaimu?
3. Meelt parandanud kurjategija usk
4. Ärge kustutage Püha Vaimu
5. Kas Aadam oli päästetud?

5. peatükk
{ Usk püüda sõnakuulelikult elada } • 69

1. Teine usutase
2. Kõige raskem usuelu staadium
3. Iisraeli rahva usk väljarändamise ajal
4. Juhul kui sa ei usu ja ei kuuletu
5. Ebaküpsed ja küpsed kristlased

6. peatükk
{ Usk Sõna järgi elamiseks } • 87

1. Kolmas usutase
2. Usukaljule jõudmine
3. Patu vastu võitlus verevalamiseni

7. peatükk
{ Usk armastada Isandat ülimal määral } • 111

1. Neljas usutase
2. Te hingel läheb hästi
3. Jumala tingimusteta armastamine
4. Jumala armastamine üle kõige

8. peatükk
{ Usk Jumala meeltmööda olekuks } • 141

1. Viies usutase
2. Usk oma elu ohvriks toomiseks
3. Usk imede ja tunnustähtede näitamiseks
4. Kogu Jumala kojas ustav olemine

9. peatükk
{ Usklikega kaasas käivad märgid } • 171

1. Kurjade vaimude välja ajamine
2. Uutes keeltes rääkimine
3. Kätega madude ülesvõtmine
4. Ükski surmav mürk ei tee teile kahju
5. Haiged saavad teie käte pealepaneku kaudu terveks

10. peatükk
{ Erinevad taevased asukohad ja aukroonid } • 191

1. Taevasse saab ainult usu teel
2. Taevariik on vägivalda kannatanud
3. Eri asukohad ja aukroonid

1. peatükk

Mis on usk?

1
Jumalale meelepärase usu määratlus
2
Usuväel ei ole piire
3
Lihalik usk ja vaimne usk
4
Vaimse usu omamine

Usk on loodetava tõelisus,
nähtamatute asjade tõendus.
Selle kohta on ju esivanemad saanud tunnistuse.
Usus me mõistame,
et maailmad on valmistatud Jumala Sõna läbi,
nii et nägematust on sündinud
nähtav.
(Heebrealastele 11:1-3)

Paljudel kordadel leiame me Piiblist, et sündis see, mida me ei suutnud loota ja see, mida oli inimliku jõuga võimatu korda saata, teostus Jumala väega.

Mooses viis Iisraeli lapsed läbi Punase Mere, jaotades selle kaheks veevalliks ja nad läksid sellest otsekui kuiva maad mööda läbi. Joosua hävitas Jeeriko linna, marssides kolmteist korda ümber selle. Eelija palve peale andis taevas vihma pärast kolme ja poolt aastat põuaaega. Peetrus pani jalust vigasena sündinu tõusma ja käima, kuna aga apostel Paulus äratas surnuist ellu kolmandalt korrusest alla kukkunud ja surnud nooruki. Jeesus käis vee peal, vaigistas tormised lained ja tuule, tegi pimedad nägijaks ja elustas neli päeva hauda maetud olnud inimese.

Usu vägi on mõõtmatu ja sellega on kõik võimalik. Nii nagu Jeesus ütleb Markuse 9:23: *„Sa ütled: Kui Sa võid? Kõik on võimalik sellele, kes usub,"* suudate teie saada kõik, mida iganes te palute, kui teil on Jumalale meelepärane usk.

Missugune usk on siis Jumalale meelepärane ja kuidas seda saada?

1. Jumalale meelepärase usu määratlus

Paljud inimesed väidavad täna, et nad usuvad kõigeväelist Jumalat, kuid ei saa Temalt palvevastuseid, kuna neil ei ole tõelist usku. Heebrealastele 11:6 öeldakse: "*Aga ilma usuta on võimatu olla meelepärane, sest kes tuleb Jumala juurde, peab uskuma, et Tema on olemas ja et Ta annab palga neile, kes Teda otsivad.*" Jumal ütleb meile selgelt, et me peame olema Talle tõelise usuga meelepärased.

Miski ei ole võimatu kui teil on täielik usk, kuna usk on hea kristliku elu põhialus ja Jumalalt vastuste ja õnnistuste saamise võti. Ometi on nii palju inimesi, kes ei saa Tema õnnistusi ega võta vastu pääsemist, sest nad ei tea tõelise usu kohta ega oma seda.

Usk on loodetava tõelisus, nähtamatute asjade tõendus

Mis siis on Jumalale meelepärane usk? *Websteri Uue Maailma kolledži sõnaraamatus* määratletakse, et „usk" on „kõhklematu usk, mille jaoks ei ole vaja tõendit ega tunnistust" või „kõhklematu usk Jumalasse, usu tõekspidamistesse jne" Usk on kreeka keeles pistis, mis tähendab „kindel või ustav olemist." Heebrealastele 11:1 on toodud järgmine usu määratlus: „*Usk on loodetava tõelisus, nähtamatute asjade tõendus.*"

„Loodetava tõelisus" viitab loodetava tõelisena näimisele, kuna me oleme kindlad, otsekui loodetav oleks juba teostunud. Näiteks, mida soovib suurt valu kannatav haige kõige rohkem? Loomulikult soovib ta haigusest terveks saada ja et tema hea tervis taastuks ja tal peaks olema taastumiskindluse jaoks piisavalt palju usku. Teiste sõnadega, hea tervis saab ta jaoks reaalseks kui tal on täielik usk.

Järgmiseks, „nähtamatute asjade tõendus" viitab algmõistetele ja asjadele, milles me oleme vaimse usu kaudu kindlad, isegi kui kõik ei ole veel ihusilmaga nähtav.

Seega võimaldab usk teil uskuda, et Jumal lõi kõik mitte millestki. Usuisad said „loodetava tõelisuse" usu kaudu reaalsena ja käegakatsutavad esemed ja sündmused „nähtamatute asjade tõendusena." Sel moel kogesid nad mitte millestki midagi loova Jumala väge.

Samamoodi nagu usuisadegi puhul, need, kes usuvad, et Jumal loob kõike mitte millestki, suudavad uskuda, et Ta lõi kõik taevased ja maapealsed asjad alguses oma Sõnaga. See on tõsi, et keegi ei näinud ihusilmaga, kuidas Ta lõi taevad ja maa, sest see sündis enne inimese loomist. Kuid usuinimesed ei kahtle kunagi, et Jumal lõi kõik eimillestki, kuna nad usuvad.

Seega meenutatakse meile Heebrealastele 11:3: *„Usus me mõistame, et maailmad on valmistatud Jumala Sõna läbi, nii et nägemustust on sündinud nähtav."* Kui Jumal ütles: *„Saagu valgus,"* valgus sai (1. Moosese raamat 1:3). Kui Jumal ütles: *„Maast tärgaku haljas rohi, seemet kandvad taimed, viljapuud, mille viljas on nende seeme, nende liikide järgi maa peale!"* sündis kõik nii nagu Jumal käskis (1. Moosese raamat 1:11).

Kõike universumis, mida ihusilmaga näha, ei tehtud igasugustest nähtavatest materjalidest. Sellest hoolimata arvavad paljud, et kõik tehti nähtavatest asjadest, kuid nad ei usu, et Jumal lõi need mitte millestki. Need inimesed ei ole kunagi teada saanud, näinud ega kuulnud, et midagi võiks mitte millestki valmistada.

Sõnakuulelikkuse teod on usu tõendus

Selleks, et te loodaksite võimatut ja see sünniks tõeliselt, peab teil olema Jumalale meelepärase usu tõendus. Teiste sõnadega, te peate näitama Jumala Sõna täitmise tõendust, kuna te usaldate Tema Sõna. Heebrealastele 11:4-7 mainitakse usuisasid, keda kutsuti õigeteks nende usu tõttu, sest neil olid oma usu ilmsed tõendid ja nad näitasid neid: Aabelit kiideti õigeks, sest ta tõi Jumalale meelepärase vereohvri; Eenokit kiideti, sest ta oli Jumalale meelepärane oma täieliku pühitsuse poolest; Noa päris õigsuse, kuna ta ehitas usu läbi pääsemiseks laeva.

Vaadakem Kaini ja Aabeli lugu 1. Moosese raamatus 4:1-15, et mõista Jumalale meelepärast tõelist usku. Kain ja Aabel olid Aadama ja Eeva maa peale sündinud pojad pärast nende Eedeni aiast pagendamist Jumala käsule sõnakuulmatuse tõttu: „*Hea ja kurja tundmise puust sa ei tohi süüa*" (1. Moosese raamat 2:16-17).

Aadam ja Eeva kahetsesid oma sõnakuulmatust, kuna nad pidid vaevahigis rasket tööd tegema ja neetud maa peal suurt valu lastesünnitamisel tundma. Aadam ja Eeva õpetasid oma lastele usinalt sõnakuulelikkuse tähtsust. Kindlasti õpetasid nad ka Kainile ja Aabelile Jumala Sõna alusel elamise vajadust ja rõhutasid, et Jumala käskudele ei võinud kunagi sõnakuulmatu olla.

Lisaks õpetasid vanemad lastele kindlasti, et nad pidid ohvriks tooma looma ja oma pattude andeks saamiseks Jumalale vereohvri ohverdama. Seega Kain ja Aabel teadsid, et nad pidid pattude andeks saamiseks Jumalale vereohvri tooma.

Pärast kaua aja möödumist reetis Kain Jumala, nii nagu ta ema Eeva oli Jumala Sõnale sõnakuulmatu olnud. Ta oli põllumees ja tõi oma ohvri nii nagu ta heaks pidas, maaviljast. Kuid Aabel oli karjane ja andis oma karja esmasündinu ja selle rasvase osa, nii nagu Jumal oli ta vanemate kaudu teha käskinud.

Jumal võttis Aabeli ohvri vastu, kuid keeldus Tema käsule mitte kuuletunud Kaini omast. Selle tulemusel tunnistati Aabel õigeks (Heebrealastele 11:4). Kaini ja Aabeli lugu õpetab, et Jumal usaldab ja kiidab teid heaks sel määral, mil määral te usaldate Tema Sõna ja teete selle kohaselt; ka Moosese ja Eenoki juhtumid tunnistavad sellest.

Usu tõendiks on kuulekuse teod. Seega peate te meeles pidama, et Jumal kiidab heaks ja kinnitab teid, kui te näitate Talle oma usu tõenduseks, et te kuuletute alati Tema Sõnale ja teete selle kohaselt ja püüate Talle igas olukorras kuuletuda.

Usk toob vastused ja õnnistused

Te peaksite sedamoodi järgima Jumala Sõna teid, et te võiksite usu kaudu alustada „loodetust" ja jõuda „loodetava tõelisusse." Kui te ei järgi Jumala teed nii nagu Kain läks eksiteele, põhjusel, et see tee on teie jaoks koormav või raske, ei saa te Jumalalt vaimuriigi seaduse kohaselt vastuseid ja õnnistusi.

Heebrealastele 11:8-19 räägib üksikasjalikult Aabrahamist, kes näitas oma usu tõenduseks üles Jumala Sõnale kuulekuse tegusid. Ta lahkus Jumala käsu peale usu kaudu oma maalt. Isegi kui Jumal ütles, et ta ohverdaks oma ainsa armastatud poja Iisaki, kelle Jumal oli talle saja aasta vanuses andnud, kuuletus Aabraham koheselt, kuna ta mõtles, et Jumal suudaks ta poja ka surnuist ellu äratada. Jumal õnnistas teda väga ja vastas talle, sest tema usk kiideti heaks tema sõnakuulmise tegude kaudu:

Ja Isanda ingel hüüdis Aabrahami teist korda taevast ning ütles temale: „Ma vannun iseenese juures, ütleb Isand: sellepärast et sa seda tegid ega keelanud mulle oma ainsat poega, ma õnnistan sind tõesti ja teen su soo väga paljuks – nagu tähti taevas ja nagu liivamere ääres – ja su sugu vallutab oma vaenlaste väravad! Ja sinu soo nimel õnnistavad endid kõik maailma rahvad, sellepärast et sa võtsid kuulda mu häält!" (1. Moosese raamat 22:15-18).

Lisaks leiab 1. Moosese raamatust 24:1 veel: *"Kui Aabraham oli vana ja elatanud ning Isand oli Aabrahami kõigiti õnnistanud."* Jakoobuse 2:23 meenutatakse samuti: *"Nii läks täide kirjasõna, mis ütleb: "Aabraham uskus Jumalat ja see arvati talle õiguseks ning teda hüüti Jumala sõbraks."*

Sellele lisaks oli Aabraham igatmoodi väga õnnistatud, kuna ta usaldas Jumalat, kes valitseb kõike, mis puudutab elu ja surma, õnnistust ja needust ja pühendus kõigiti Temale. Samamoodi võivad ka teil olla igas valdkonnas Jumala õnnistused ja te võite igale oma palvele vastused saada kui te mõistate õiget usumääratlust ja näitate oma usku täie sõnakuulelikkuse tegudega, nagu Aabraham tegi nii paljudel kordadel.

2. Usuväel ei ole piire

Teil võib olla Jumalaga usu kaudu osadus, kuna usk on otsekui neljamõõtmelise vaimumaailma esimene värav. Ainult siis kui te esimesest väravast läbi lähete, avanevad teie vaimsed kõrvad ja te võite Jumala Sõna kuulda ja teie vaimusilmad avanevad vaimumaailma nägemiseks.

Selle tulemusel elate te Jumala Sõna järgi ja saate kõik, mida te usus palute ja elate rõõmsalt taevariigi lootuses. Veel enam, kui te süda on täis rõõmu ja tänu ja kui taevane lootus ujutab teie elu üle, armastate te Jumalat üle kõige ja olete Talle meelepärane. Siis ei ole maailm enam teie ja te usu vääriline, sest teist ei saa üksnes Pühalt Vaimult saadud väe kaudu Isanda tunnistajad, vaid te olete ka surmani ustavad ja armastate Jumalat kogu oma eluga nii nagu apostel Pauluski.

Maailm ei ole usuväge väärt

Usuväe kirjeldamisel kirjeldatakse Heebrealastele 11:32-38 esiisade usku:

Ja mida ma veel ütlen? Mul puudub aeg jutustada Gideonist, Baarakist, Simsonist, Jeftast, Taavetist, Saamuelist ja prohvetitest, kes usu läbi vallutasid kuningriike, mõistsid kohut, said kätte tõotusi, sulgesid lõvide suud, kustutasid tule väe, pääsesid pakku mõõgatera eest, said nõtrusest tugevaks ja vägevaks sõjas, tõrjusid tagasi võõraste vaenuleere. Naised said tagasi oma surnud ülestõusnutena. Ühed lasksid end piinata surnuks, võtmata vastu pakutud vabadust, selleks et saada paremat ülestõusmist. Teised said kogeda pilkamist ja rooska ning ahelaid ja vanglat. Neid on kividega surnuks visatud, pooleks saetud, mõõgaga hukatud, nad on lamba- ja kitsenahas käinud maad mööda ringi, puuduses, viletsuses ja kurja kannatades. Nemad, keda maailm ei olnud väärt, hulkusid ringi kõrbetes ja mägedel ning varjasid end koobastes ja urgudes.

Inimesed, kelle usku maailm ei ole väärt, võivad mitte üksnes loobuda oma maisest aust ja rikkusest, vaid ka oma elust. Nii nagu kirjutatakse 1. Johannese 4:18 öeldakse: *"Armastuses ei ole kartust, vaid täiuslik armastus ajab kartuse välja, sest kartuses on karistus, aga kartja ei ole saanud täiuslikuks armastuses,"* hirm lahkub teist vastavalt teie armastuse mõõdule.

Inimliku jõuga võimatu saab Jumala väega võimalikuks. Üks Tema prohveteid, Eelija, andis tunnistust elavast Jumalast, tuues taevast tule alla. Eliisa päästis oma maa, leides Püha Vaimu õhutusel vaenlase laagri asukoha. Taaniel jäi ellu näljaste lõvide koopas.

Uues Testamendis oli palju inimesi, kes loobusid Isanda evangeeliumi pärast oma elust. Jakoobusest, üks meie Isanda Jeesuse kaheteistkümnest jüngrist, sai nende seast esimene märter, sest ta tapeti mõõgaga. Peetrus, Jeesuse Kristuse esijünger, löödi pea alaspidi risti. Apostel Paulus oli oma suures armastuses Isanda vastu rõõmus ja Jumalale tänulik ka vangikongis, kuigi teda peaaegu tapeti ja peksti mitu korda. Lõpuks löödi tal pea maha ja temast sai Isanda märter.

Peale selle sõid Rooma Kolosseumis lõvid väga palju kristlasi või kristlased pidid Rooma Keisririigi suure tagakiusu tõttu surmani katakombides elama, päevavalgust nägemata. Apostel Paulus hoidis oma usust igas olukorras kinni ja võitis maailma suure usuga. Seega ta võis tunnistada: *"Kes võib meid lahutada Kristuse armastusest? Kas viletsus või ahistus või tagakiusamine või nälg või alastiolek või hädaoht või mõõk?"*

(Roomlastele 8:35)

Usu kaudu saavad kõik probleemid vastuse

Ükskord nägi Jeesus ühe sündmuse käigus halvatu ja tema sõprade usku ja ütles talle Markuse 2: *„Poeg, sinu patud on sulle andeks antud"* ja halvatu sai otsekohe kohapeal terveks. Kui inimesed kuulsid Jeesuse Kapernaumas viibimisest, kogunesid paljud ja paik oli puupüsti täis, isegi ukse juures väljas ei olnud enam ruumi. Halvatu, keda kandsid tema neli sõpra, ei saanud Jeesusele vastu tulla rahvahulga tõttu, seega ta sõbrad tegid üles Jeesuse pea kohale katuse sisse augu ja pärast katusest läbi kaevumist lasid mati, mille peal nende halvatud sõber lamas, alla. Jeesus pidas nende tegevust usu tõenduseks ja andestas halvatule tema patud, öeldes: *„Poeg, sinu patud on sulle andeks antud"* (5. salm).

Kuid mõned seal istuvad käsuõpetajad olid skeptilised ja mõtlesid endamisi: *„Mida see räägib nõnda? Ta teotab Jumalat! Kes muu võib patte andeks anda kui Jumal üksi?"* (7. salm) Jeesus ütles neile:

> *Aga Jeesus tundis kohe oma vaimus ära, et nood nõnda mõtlevad iseeneses ja Ta ütles neile: „Miks te seda kõike arutate oma südames? Kumb on kergem, kas öelda halvatule „Sinu patud on andeks antud!" või öelda talle „Tõuse püsti, võta oma kanderaam ja kõnni!"?"* (Markuse 2:8-9)

Siis Jeesus käskis halvatut: *"Sinule ma ütlen: Tõuse püsti, võta oma kanderaam ja mine koju!"* (11. salm). Enne halvatu olnud mees tõusis, võttis oma mati ja läks kõigi maja sees ja maja ümber olevate inimeste nähes majast välja. Nad hämmastusid ja ülistasid Jumalat, öeldes: *"Sellist asja ei ole me eluilmaski näinud"* (12. salm).

Selles loos räägitakse, et kõik meie eluprobleemid leiavad lahenduse kui me saame usu läbi oma patud andeks. See on nii, kuna meie Päästja Jeesus avas umbes kaks tuhat aastat tagasi pääsemise tee, lunastades meid igasugustest eluprobleemidest nagu patust, surmast, vaesusest, haigustest ja sarnasest (Täpsemalt teada saamiseks vaadake palun raamatut *Risti Sõnum*).

Te võite saada kõik, mida te iganes palute, kui teie Jumala Sõna järgi mitte elamisest tingitud patud on andeks antud. Ta tõotab 1. Johannese 3:21-22: *"Armsad, kui meie süda ei süüdista, siis on meil julgus Jumala ees ja mida me iganes Temalt palume, seda me saame Temalt, sest me peame Tema käske ja teeme, mis on Tema silmis meelepärane."* Sedamoodi võivad nimesed, kellel ei ole patumüüri nende ja Jumala vahel, paluda Teda julgelt ja nad saavad kõigile oma palvetele vastused.

Seega, Jeesus rõhutas Matteuse 6. peatükis, et te ei peaks muretsema sellepärast, mida selga panna, mida süüa ega kus elada, vaid peaksite selle asemel otsima esiteks Jumala õigsust ja Tema riiki:

Seepärast ma ütlen teile: Ärge muretsege oma hinge pärast, mida süüa, ega oma ihu pärast, millega riietuda! Eks hing ole enam kui toidus ja ihu enam kui rõivas? Pange tähele taeva linde: nad ei külva ega lõika ega kogu aitadesse, ning teie taevane Isa toidab neid. Eks teie ole palju enam väärt kui nemad? Aga kes teie seast suudab muretsemisega oma elule ühe küünragi juurde lisada? Ja rõivastuse pärast, mis te muretsete? Pange tähele lilli väljal, kuidas nad kasvavad: ei näe nad vaeva ega ketra, aga ma ütlen teile, et isegi Saalomon kogu oma hiilguses ei olnud nõnda ehitud nagu igaüks neist. Kui aga Jumal nõnda rüütab väljal rohtu, mis täna on ja homme visatakse ahju, eks siis veelgi enam teid, te nõdrausulised! Ärge siis hakake muretsema, öeldes: „Mida me sööme?" või „Mis me joome?" või „Millega me riietume?" Sest kõike seda taotlevad paganad. Teie taevane Isa teab ju, et te seda kõike vajate. Aga otsige esmalt Jumala riiki ja Tema õigust, siis seda kõike antakse teile pealegi! (Matteuse 6:25-33).

Kui te tõesti usute Jumala Sõna, otsite te esiteks Tema riiki ja Tema õigust. Jumala lubadused on usaldusväärsed nagu kinnitusega tšekid ja Ta lisab oma tõotuse kohaselt kõike, mida te vajate, et teil ei oleks mitte üksnes pääsemine ja igavene elu, vaid et te võiksite ka edeneda oma elus kõiges, mida te iganes teete.

Usk valitseb isegi loomulikke ilminguid

Matteuse 8:23-27 kaudu saame me teada usu väe kohta, mis kaitseb ohtliku ilma ja kliima eest ja võimaldab nende üle valitseda. Kõik on tõesti võimalik usu kaudu.

Jeesus astus nüüd paati ja Ta jüngrid läksid Temaga kaasa. Ja vaata, järvel tõusis suur torm, nii et lained katsid paadi. Aga Jeesus magas. Ja jüngrid tulid Ta juurde ja äratasid Ta üles, öeldes: „Isand, aita! Me hukkume!" Tema ütles neile: „Miks te olete nõnda arad, te nõdrausulised?" Siis Ta tõusis püsti, sõitles tuuli ja järve ning järv jäi täiesti vaikseks. Inimesed aga imestasid, öeldes: „Kes Ta siis selline on, et isegi tuuled ja järv kuulavad Tema sõna?"

Selles loos räägitakse, et meil ei tule karta ühtegi pöörast tormi ega laineid, vaid me võime valitseda isegi niisuguseid loodusilminguid kui meil on usku. Kui me kogeme niisugust võimsat usujõudu, mis suudab valitseda ka ilma ja kliimat, peame me saama Jeesuse sarnase täie usukindluse, millega on kõik võimalik. Seepärast meenutab meile Heebrealastele 10:22: *„Siis mingem Jumala ette siira südamega, usuküIluses, olles südame poolest piserdamisega puhastatud kurjast südametunnistusest ja ihu poolest pestud puhta veega!"*

Piiblis öeldakse, et kui meil on täielik usukindlus, võime me kõigile oma palvetele vastused saada ja teha suuremaid asju kui Jeesus tegi.

Tõesti, tõesti, ma ütlen teile, kes usub minusse, see teeb neidsamu tegusid, mida mina teen, ja ta teeb nendest hoopis suuremaid, sest mina lähen Isa juurde ja mida te iganes palute minu nimel, seda ma teen, et Isa saaks kirgastatud Pojas. (Johannese 14:12-13).

Seega te peate aru saama, et usu vägi on väga suur ja saama niisuguse usu, mida Jumal teie jaoks tahab ja mis on Talle meelepärane. Kuid siis ei saa te üksnes vastuseid kõigile oma palvetele, vaid teete ka suuremaid asju kui need, mida Jeesus tegi.

3. Lihalik usk ja vaimne usk

Kui Jeesus ütles sõjapealikule, kes usus Tema juurde tuli: „*Nagu sa oled uskunud, nõnda sündigu sulle,*" tervenes sõjapealiku sulane otsekohe (Matteuse 8:13). Samamoodi järgnevad tõelisele usule alati seaduspäraselt Jumala vastused. Miks on siis nii, et paljud ei saa oma palvetele vastuseid, isegi kui nad väidavad end Jumalat uskuvat?

See on nii, kuna on olemas vaimne usk, mille teel teil võib olla osadus Jumalaga ja te saate Temalt vastused ja lihalik usk, millega te ei saa mingeid vastuseid, sest sel ei ole Temaga midagi pistmist. Vaadelgem siis seega nende kahe usuliigi erinevusi.

Lihalik usk on usk kui teadmine

„Lihalik usk" tähendab igasugust usku, millega midagi uskuda, sest te näete seda silmadega ja see on kooskõlas teie arusaamise või praktilise mõistusega. Niisugust usku kutsutakse sageli „teadmisteusuks" või „mõistusega kooskõlas olevaks usuks."

Näiteks, need, kes ei näinud vaid puulaua tootmisprotsessi, vaid ka kuulsid selle kohta lähemalt, usuvad kahtlemata kui öeldakse: „Laud on puust tehtud." Igaühel võib olla niisugune usk, kui ta usub, et miski on millestki tehtud. See tähendab, et inimesed mõtlevad alati, et nähtavad asjad on mingi muu asja tegemiseks vajalikud.

Inimesed sisestavad ja talletavad teadmisi oma aju mällu sünnihetkest alates. Nad peavad meeles, mida nad näevad, kuulevad ja õpivad oma vanematelt, vendadelt-õdedelt, ligimestelt või koolis ja kasutavad mälusolevaid teadmisi vajaduse korral.

Talletatud teadmiste hulgas on palju Jumala Sõna vastu minevaid ebatõdesid. Tema Sõna on muutumatu tõde, kuid enamik teadmistest on valed ja muutuvad aja jooksul. Sellest hoolimata peavad inimesed valet tõeks, sest nad ei tea, mis on täpselt tõene. Näiteks, inimesed peavad evolutsiooniteooriat tõeseks, kuna nad õppisid seda koolis. Seega nad ei usu, et midagi võib mitte millestki teha.

Lihalik usk on surnud usk ilma tegudeta

Esiteks ei saa lihaliku usuga inimesed aktsepteerida, et Jumal oleks midagi mitte millestki loonud, isegi kui nad käivad koguduses ja kuulavad Jumala Sõna, sest nende sünnist peale saadud teadmised on Jumala Sõna vastu. Nad ei usu Piiblisse talletatud imedesse. Nad usuvad Jumala Sõna kui nad on täis Püha Vaimu ja armu, aga kui nad selle armu kaotavad, hakkavad nad kahtlema. Nad hakkavad isegi mõtlema, et nende Jumalalt saadud vastused olid õnnejuhus.

Järelikult on lihaliku usuga inimeste südames konfliktid ja nad ei tunnista kogu südamest, olgugi et nad väidavad oma sõnadega, et nad usuvad. Neil ei ole osadust Jumalaga ja Ta ei armasta neid, kuna nad ei ela Tema Sõna kohaselt.

Siin on näide. Tavaliselt on õige vaenlasele kätte maksta, kuid Piiblis õpetatakse, et me peaksime oma vaenlasi armastama ja isegi siis kui keegi lööb meie paremat põske, pöörama vasaku ette. Lihaliku usuga inimene peab siis kui teda lüüakse rahulduse tundmiseks vastu lööma. Kuna ta on kogu elu niimoodi elanud, on tal palju lihtsam vihata, kadestada või teiste peale armukade olla. Samamoodi on tema jaoks koormav elada Jumala Sõna järgi ja ta ei saa elada tänu ja rõõmuga, kuna see ei ühti tema mõtetega.

Nii nagu on kirjas Jakoobuse 2:26: *„Sest nii nagu ihu ilma vaimuta on surnud, nõnda on surnud ka usk ilma tegudeta,"* on lihalik usk surnud, tegudeta usk. Lihaliku usuga inimesed ei saa päästetud ega Jumala vastuseid. Sel päeval ütleb Jeesus: *„Mitte igaüks, kes mulle ütleb: „Isand, Isand!",* ei saa taevariiki; saab vaid see, kes teeb mu Isa tahtmist, kes on taevas" (Matteuse 7:21).

Jumalale on meelepärane vaimne usk

Vaimne usk antakse teile siis kui te uskuma hakkate, isegi kui te oma ihusilmaga midagi ei näe ja miski ei ühti teie teadmiste ega mõtetega. See on usk, et Jumal lõi midagi mitte millestki.

Vaimse usuga inimesed usuvad kahtlusteta, et Jumal lõi taevad ja maa oma Sõnaga ja Ta vormis inimese maapõrmust. Vaimne usk ei ole midagi, mida te saate, kuna te seda soovite; seda annab ainult Jumal. Inimesed, kellel on vaimne usk, usuvad kahtlemata Piiblisse kirjapandud imedesse, seega neil ei ole raske Jumala Sõna alusel elada ja nad saavad vastused kõigele, mida nad usus paluvad.

Jumalale on meelepärane vaimne usk, millega kaasnevad teod ja selle kaudu te saate päästetud, lähete taevasse ja saate palvevastused.

Vaimne usk on „elav usk", millega kaasnevad teod

Kui teil on vaimne usk, olete te Jumalale meelepärane ja Ta garanteerib, et teie elus on Tema palvevastused ja õnnistused. Oletagem näiteks, et kaks põllumeest töötavad oma peremehe maal. Samades tingimustes koristab üks viis kotti riisi ja teine kolm kotti. Kes kahest põllumehest on peremehele rohkem meeltmööda? Loomulikult on viie riisikotiga põllumees peremehe silmis soositum ja meelepärasem.

Kaks põllumeest koristavad sama maad erinevalt, vastavalt oma jõupingutustele. Viis riisikotti koristanud põllumees rohis hoolikalt ja kastis vilja sageli, nähes palju vaeva. Vastupidiselt, teine põllumees ei suutnud koristada rohkem kui kolm riisikotti, sest ta oli laisk ja jättis oma töö suuresti unarusse.

Jumal mõistab igaühe üle kohut tema vilja järgi. Üksnes siis kui te näitate oma usku ühes tegudega, peab Ta seda vaimseks usuks ja õnnistab teid.

Ööl kui Jeesus kinni võeti, kostis üks Ta jüngritest, Peetrus: *„Kui ka kõik taganevad Sinust, ei tagane mina eluilmaski!"* (Matteuse 26:33) Kuid Jeesus lausus talle: *„Tõesti, ma ütlen sulle, täna öösel, enne kui kukk laulab, salgad sina mu kolm korda ära"* (34. salm). Peetruse tunnistus tuli ta südamepõhjast, kuid Jeesus teadis, et Peetrus annab ta ära kui tema enese elu oli ohus.

Peetrus ei olnud veel Püha Vaimu saanud ja salgas Jeesust kolm korda kui ta elu oli ohus pärast Jeesuse kinnivõtmist. Kuid Peetrus muutus täielikult kui ta sai Püha Vaimu. Ta teadmisteusust sai vaimne usk ja temast sai väe apostel, kes kuulutas evangeeliumi julgesti. Ta jätkas õigsuse teed, kuni ta löödi pea alaspidi risti.

Seega te suudate Jumalat usaldada ja Talle kuuletuda igas olukorras, kui teil on vaimne usk. Vaimse usu omamiseks tuleb teil püüda täielikult Jumala Sõna täita ja saada omale muutumatu süda. Elades vaimse usuga, millele kaasnevad teod, võib saada pääsemise ja igavese elu, saada muudetud täieliku tõega inimeseks ja kogeda imelisi vaimseid ja füüsilisi õnnistusi.

Aga surnud lihaliku usuga, millele ei kaasne teod, ei saa päästetud ega Jumala vastuseid, hoolimata teie jõupingutuste hulgast ja sellest, kui kaua te olete koguduses käinud.

4. Vaimse usu omamine

Kuidas muuta oma lihalikku usku vaimseks ja teha „loodetav" reaalseks ja „nähtamatu" nähtavaks tõendiks? Mida tuleb vaimse usu omamise jaoks teha?

Lihalike mõtete ja teooriate minetamine

Palju teie sünnist saadud teadmistest takistab teid vaimset usku saamast, kuna need lähevad Jumala Sõna vastu. Näiteks evolutsiooniteooria järgi Jumal ei loonud universumi. Selle tulemusel ei suuda evolutsiooniteooria järgijad uskuda, et Jumal loob midagi mitte millestki. Kuidas nad saavad uskuda, et „*Alguses lõi Jumal taeva ja maa*" (1. Moosese raamat 1:1)?

Seega tuleb vaimse usu omamiseks lammutada igasugused Jumala Sõna vastased mõtted ja igasugused teooriad nagu evolutsiooniteooria, mis takistab Piiblis olevat Jumala Sõna uskumast. Kui te ei vabane oma mõtetest ja Jumala Sõna vastastest teooriatest, ei saa te uskuda Piiblisse kirjapandud Jumala Sõna, hoolimata sellest kui innukalt te ka ei püüaks seda uskuda.

Pealegi, hoolimata sellest kui usinalt te koguduses käite ja ülistusteenistustel osalete, te ei saa vaimset usku sellest. Sel põhjusel on paljud eemal pääsemise teest ja ei saa Jumalalt palvetele vastuseid, kuigi nad on regulaarsed koguduseskäijad.

Apostel Paulusel oli ainult lihalik usk kui ta kohtus Isand Jeesusega nägemuses teel Damaskuse linna. Ta ei olnud Jeesust kõigi inimeste Päästjana veel ära tundnud ja vangistas ja kiusas selle asemel paljusid kristlasi taga.

Seega peaksite te eemaldama igasugused Jumala Sõna vastu minevad mõtted ja teooriad, et te lihalik usk muutuks vaimseks usuks. Apostel Pauluse kaudu meenutab Jumal meile järgmist:

> *Vaid meie võitluse relvad ei ole ju lihalikud, vaid need on Jumalas vägevad kindluste mahalõhkumiseks. Me kummutame targutused ja purustame iga kõrkuse, mis tõstab end jumalatunnetuse vastu, ja me võtame vangi Kristuse sõnakuulmisesse kõik mõtted ja oleme valmis nuhtlema iga sõnakuulmatust, kui teie sõnakuulelikkus on saanud täielikuks* (2. Korintlastele 10:4-6).

Paulusest võis saada vägev evangeeliumikuulutaja üksnes

pärast seda kui ta sai vaimse usu, hävitades iga Jumala vastu mineva mõtte, teooria ja argumendi. Ta sai peamiseks paganatele evangeeliumi kuulutajaks ja maailmamisjoni nurgakiviks. Lõpuks võis Paulus julgelt järgmist tunnistada:

> *Kuid mis mulle oli kasuks, seda ma olen arvanud kahjuks Kristuse pärast. Jah, enamgi: ma pean kõike kahjuks Isanda Jeesuse Kristuse kõikeületava tunnetuse kõrval. Tema pärast olen ma minetanud kõik selle ja pean seda pühkmeiks, et saada kasuks Kristust ja et mind leitaks Tema seest ega oleks mul oma õigust, mis tuleb Seadusest, vaid see õigus, mis tuleb Kristusesse uskumisest, see, mille Jumal annab usu peale* (Filiplastele 3:7-9).

Jumala Sõna innukas õppimine

Roomlastele 10:17 õpetatakse: *"Järelikult, usk tuleb kuulutusest, kuulutus aga Kristuse Sõna kaudu."* Teil tuleb Jumala Sõna kuulata ja seda õppida; kui te Jumala Sõna ei tunne, ei saa te selle alusel elada. Kui te ei tegutse Jumala Sõna alusel, vaid olete selle vaid teadmisena talletanud, ei saa Ta teile vaimset usku anda, sest te võite oma teadmiste üle uhkeks minna.

Oletagem, et üks tüdruk loodab, et temast saab kuulus klaverimängija. Hoolimata sellest kui palju ta loeb õpikuid ja õpib teooriaid, ta ei saa harjutamiseta suurepäraseks klaverimängijaks. Samamoodi, kui te ei kuuletu Jumala Sõnale, ei ole teil sellest kasu, hoolimata sellest kui palju te võite seda lugeda, kuulata ja õppida. Te saate vaimse usu vaid siis kui te tegutsete Jumala Sõna alusel.

Jumala Sõnale kuuletumine

Seega te peate elavat Jumalat uskuma ja Tema Sõna igas olukorras pidama. Kui te usute Ta Sõna ja ei kahtle pärast selle kuulmist, olete te sellele tulevikus kuulekas. Selle tulemusel võib teil olla südames kindlus, kuna Jumala Sõna on reaalsuses täitunud. Pärast seda püüate te veel rohkem Jumala Sõna kohaselt elada.

Selle protsessi kordumisega võite te saada usu, mis võimaldab teil Sõnale täiesti kuuletuda ja Tema arm ja tugevus tulevad teie üle. Te saate täis Püha Vaimu ja kõik läheb teiega hästi.

Juutide väljarände ajal oli nende hulgas vähemalt kuussada tuhat kahekümne kuue aastat või vanemat iisraellasest meesterahvast. Kuid lõpuks said ainult kaks nende seast – Joosua ja Kaaleb – siseneda Tõotatud Kaananimaale. Peale nende kahe mehe, ei usaldanud keegi kogu südamest Jumala tõotust ega kuuletunud Temale.

4. Moosese raamatus 14:11 ütles Isand Moosesele: *„Kui kaua see rahvas põlgab mind ja kui kaua nad ei usu mind hoolimata kõigist tunnustähtedest, mis ma nende keskel olen teinud?"*

Nad teadsid Jumala kohta hästi ja kuna nad olid näinud Tema väge, mis oli Egiptuse üle kümme nuhtlust toonud, mõtlesid nad ka, et nad uskusid Teda. Jumal juhtis neid ja oli nende seas tulesambaga öösel ja suitsusambaga päeval ja nad sõid iga päev taevast alla tulevat mannat.

Sellest hoolimata, kui Jumal käskis neil minna Kaananimaale, ei kuuletunud nad Talle, kuna nad kartsid kaananlasi. Selle asemel nad nurisesid ja panid Moosesele ja Aaronile vastu. See juhtus, kuna neil ei olnud Jumalale kuuletumiseks vaimset usku, kuigi neil oli lihalik usk pärast seda kui nad nägid paljudel kordadel Jumala väe imelisi tegusid ja kuulsid neist. Vaimse usu omamiseks peaksite te alati Jumalat uskuma ja Tema Sõnale kuuletuma. Kui te tõesti Teda armastate, te kuuletute Talle ja Tema omakorda vastab teie palvetele ja juhib teid lõpuks igavesse ellu.

Roomlastele 10:9-10 tuletatakse meile meelde: *„Kui sa oma suuga tunnistad, et Jeesus on Isand, ja oma südames usud, et Jumal on Ta üles äratanud surnuist, siis sind päästetakse."*

„Südames uskumine" ei räägi teadmisteusust, vaid vaimsest usust, millega te usute midagi ja te ei kahtle oma südames. Need, kes usuvad oma südames Jumala Sõna, kuuletuvad sellele, saavad õigeks ja hakkavad järk-järgult Isandaga sarnanema. Nende usutunnistus: „Ma usun Isandat," on tõene ja nad saavad päästetud.

Ma õnnistan Teid Isanda nimel, et teil oleks vaimne usk, millega kaasnevad Jumala Sõnale kuuletumise teod! Siis võite te olla Talle meeltmööda ja teie elu võib olla täis Tema väge, millega on kõik võimalik.

2. peatükk

Vaimse usu kasv

1
Imikute/väikelaste usk
2
Laste usk
3
Noorte usk
4
Isade usk

Ma kirjutan teile, lapsed,
sest patud on teile andeks antud
Tema nime pärast.
Ma kirjutan teile, isad,
sest teie olete mõistnud Teda, kes
on olnud algusest.
Ma kirjutan teile, noored,
sest te olete ära võitnud kurja.
Ma olen kirjutanud teile, lapsed,
sest teie olete ära tundnud Isa.
Ma olen kirjutanud teile, isad,
sest teie olete mõistnud Teda, kes
on olnud algusest.
Ma olen kirjutanud teile, noored,
sest te olete tugevad
ja Jumala Sõna püsib teis
ning te olete ära võitnud kurja.
(1. Johannese 2:12-14)

Vaimse usu kasv

Kui teil on vaimne usk, võivad teil olla Jumala lapse õigused ja õnnistused. Siis ei saa te üksnes päästetud ja ei lähe taevasse, vaid te saate ka vastused igale oma palvele. Lisaks, kui teil on Jumala Sõna täitmise kaudu Jumalale meelepärane usk, on teie usu kaudu kõik võimalik.

Sellepärast ütleb Jeesus Markuse 16:17-18: *„Kuid uskujaid saadavad sellised tunnustähed: minu nimel ajavad nad välja kurje vaime, räägivad uusi keeli, tõstavad paljaste kätega üles mürkmadusid, ning kui nad jooksid midagi surmavat, ei kahjustaks see neid; haiged, kellele nad panevad käed peale, saavad terveks."*

Väiksest sinepiseemnest kasvab suur puu

Jeesus rääkis oma jüngritele, et neil oli vähe usku kui Ta nägi, et nad ei suutnud kurje vaime välja ajada ja lisas, et ka sinepiseemne suuruse usuga oli kõik võimalik. Ta ütles Matteuse 17:20: *„Aga Tema ütles neile: Teie nõdra usu pärast. Sest tõesti, ma ütlen teile, kui teil oleks usku sinepiivakese võrra ja te ütleksite sellele mäele: „Siirdu siit sinna!", siis ta siirduks, ja miski ei oleks teile võimatu."*

Sinepiivake on sama väike kui pastapliiatsiga paberile tehtud täpp. Ometi võib nii väikese usuga liigutada mäge ühest kohast teise ja kõik asjad on võimalikud.

Kas teil on sinepiiva suurune usk? Kas mägi liigub ühest kohast teise teie käsu peale? Kas kõik on teile võimalik? Kuna teil on võimatu aru saada selle lõigu tähendusest, kui te selle vaimset tähendust täielikult ei mõista, süvenegem Jeesuse toodud sinepiivakese tähendamissõnasse:

> *Taevariik on sinepiivakese sarnane, mille inimene võttis ja külvas oma põllule. See on küll väiksem kõigist seemneist, ent kui taim kasvab, siis on see suurim aias ja saab puuks, nii et taeva linnud tulevad ja pesitsevad selle okstel* (Matteuse 13:31-32).

Sinepiivake on väiksem kui ükskõik milline muu seeme, aga kui see kasvab ja saab suureks puuks, tulevad paljud linnud ja istuvad selle okstel. Jeesus kasutas sinepiivakese tähendamissõna, et õpetada meile, et me võime mäge siit sinna liigutada ja kui meie vähene usk saab küpseks, on meie jaoks kõik võimalik. Jeesuse jüngritel oleks pidanud olema suur usk, millega on kõik võimalik, sest nad olid Temaga kaua ja nägid oma silmaga palju Jumala imelisi tegusid. Aga Jeesus noomis neid, kuna neil ei olnud suurt usku.

Terve usumõõt

Kui te võtate Püha Vaimu vastu ja saate vaimse usu, peaks teie usk saama täielikult küpseks, et kõik oleks võimalik. Jumal tahab teie usu suurendamise kaudu igale teie palvele vastused anda.

Efeslastele 4:13-15 tuletatakse meile meelde, et me: *„kuni me kõik jõuame usu ja Jumala Poja tundmise ühtsusesse, saades* *täismeheks Kristuse täisea mõõtu mööda, et me ei oleks enam väetid lapsed, keda pillutab ja kõigutab iga õpetusetuul, et inimliku pettemänguga eksitusse kavaldada, vaid et me tõtt rääkides armastuses kasvaksime kõigiti selle sisse, kes on pea – Kristus."*

On loomulik, et lapse sündimisel registreeritakse tema sünd valitsusasutuses ja ta kasvab esiteks lapseks ja on siis nooruk. Sobival ajal ta abiellub, saab lapsed ja temast saab isa.

Samamoodi kui teie saate Jeesuse Kristuse kaudu Jumala lapseks ja teie nimi on kirjas taevariigi Eluraamatus, peaks teie usk igapäevaselt kasvama, et see jõuaks laste, noorukite ja siis isade usuni.

Seetõttu õpetatakse meile 1. Korintlastele 3:2-3: *"Ma jootsin teile piima ega andnud tahket rooga, sest seda te ei oleks veel talunud, Kuid ega te nüüdki veel talu, sest et te olete ju alles lihalikud. Kui teie seas on kiivust ja riidu – eks te siis ole lihalikud ja eks te käitu inimlikult?"*

Nii nagu vastsündinud imik vajab piima eluks, peab vaimne imik jooma kasvamiseks vaimset piima. Kuidas siis võib vaimne imik kasvada isaks?

1. Imikute/väikelaste usk

1. Johannese 2:12 öeldakse: *"Ma kirjutan teile, lapsed, sest patud on teile andeks antud Tema nime pärast."* Selles salmis räägitakse, et inimene, kes Jumalat ei tundnud, saab oma patud andeks kui ta võtab Jeesuse Kristuse vastu ja saab õiguse olla Jumala laps Püha Vaimu kaudu, kes tema südamesse elama asub

(Johannese 1:12).
Te võite saada andeks ja päästet vastu võtta üksnes Jeesuse Kristuse nime läbi. Kuid maailmalikud inimesed peavad kristlust usuks, mis on hea vaimseks heaoluks ja küsivad teotavat küsimust: „Miks te ütlete, et me võime saada päästetud vaid Jeesuse Kristuse kaudu?"

Miks siis Jeesus Kristus on meie ainus Päästja? Inimolendid ei saa päästetud kellegi muu kui Jeesuse Kristuse nime kaudu ja nad saavad oma patud andeks vaid ristil surnud Jeesuse vere läbi.

Apostlite teod 4:12 väidetakse: *„Ja kellegi muu läbi ei ole päästet, sest taeva all ei ole antud inimestele ühtegi teist nime, kelle läbi meid päästetaks"* ja Apostlite teod 10:43 on kirjas: *„Temast tunnistavad kõik prohvetid, et igaüks, kes Temasse usub, saab Tema nime läbi pattude andeksandmise."* Seega on Jumala ettehoole ja tahe, et inimesed pääseksid Jeesuse Kristuse kaudu.

Inimajaloo jooksul on olnud neid, keda kutsuti niinimetatud „suurteks" või „suuremeelseteks" inimesteks nagu Sokrates, Konfutsius, Buddha ja nende sarnased. Kuid Jumala vaatenurgast olid nad lihtsalt loodud olendid ja patused, kuna kõik inimesed sündisid sõnakuulmatuse patu sooritanud Aadamast ja oma isadelt päritud pärispatuga.

Kuid Jeesusel oli inimkonna Päästjaks olemiseks vaimne vägi ja vastav kvalifikatsioon: Tal puudus pärispatt, kuna Ta eostati Püha Vaimu poolt. Ta ei teinud oma elu jooksul ka ise pattu. Sedamoodi oli Tal jõud inimkonna päästmiseks, kuna Ta oli süütu ja Tal oli suur armastus, et tuua isegi oma elu patuste eest ohvriks.

Seega kui te usute, et Jeesus Kristus on ainus tõene päästetee ja võtate Ta Päästjaks vastu, andestatakse teile kõik patud, te saate Jumalalt Püha Vaimu anni ja teid kinnitatakse pitseriga Tema lapseks.

Jeesuse kõrval oleva kurjategija usk

Kui Jeesus oli ristil, et kanda inimkonna patte, parandas üks kahest Jeesuse kõrval olnud kurjategijatest oma pattudest meelt ja võttis Ta enne oma surma Päästjaks vastu. Selle tagajärjel kinnitati ta Jumala lapseks ja ta läks Paradiisi. Jumal kutsub kõiki Jeesuse Kristuse vastuvõtmise teel uuestisündinuid „oma väikesteks lasteks!"

Mõned võivad vaielda: „Kurjategija võttis Jeesuse oma Päästjaks vastu ja sai hetk enne surma päästetud. Ma võtan maailmast viimast ja siis võtan Jeesuse Kristuse enne oma surma Päästjaks vastu. Ma lähen ikka taevasse!" Kuid niisugune mõte on täiesti vale.

Kuidas sai kurjategija vastu võtta Jeesuse, keda kurjad inimesed naeruvääristasid ja kes ristil suri? Kurjategija mõtles juba siis kui Ta kuulis Jeesuse sõnumeid, et Ta võis Messias olla. Ta tunnistas oma usku Jeesusesse ja võttis Ta oma Päästjaks vastu kui ta Tema kõrval ristil oli. Sedamoodi ta sai päästetud ja õiguse minna Paradiisi.

Samamoodi antakse igaühele, kes Jeesuse Päästjaks vastu võtab ja Püha Vaimu saab, õigus olla Jumala laps. Seetõttu kutsub Jumal teda „oma väikeseks lapseks." Näiteks kui laps sünnib, registreeritakse ta sünd ja ta saab oma sünnimaa kodanikuks. Samamoodi võite teie taevase kodakondsuse saada ja teid tunnistatakse Jumala lapseks kui teie nimi on Eluraamatusse kirja pandud.

Seega näitab imikute/väikelaste usk alles Jeesuse Kristuse vastuvõtnud inimeste usku, kelle patud on andestatud ja kellest on saanud Jumala lapsed, kuna nende nimed on taevasesse Eluraamatusse kirja pandud.

2. Laste usk

Jeesuse Kristuse vastuvõtmise teel Jumala lasteks uuesti sündinud ja vaimuelu saanud inimesed küpsevad usus ja saavad laste usu. Kui laps sünnib ja ta võõrutatakse emarinnast, suudab ta ära tunda oma vanemad ja eristada teatud detaile, keskkonda ja inimesi.

Aga lapsed teavad vähe ja peavad olema vanemliku kaitse all. Kui neilt küsida, kas nad teavad, kes nende vanemad on, siis nad tõenäoliselt vastavad jaatavalt. Kuid kui nende käest küsida nende vanemate kodulinna või pere põlvnemise kohta, jäävad nad vastuse võlgu. Seega lapsed ei tunne oma vanemaid üksikasjalikult, isegi kui nad võivad öelda, et nad tunnevad oma ema ja isa.

Kui vanemad ostavad lapsele mänguasju, võib laps öelda, kas tegu on mänguauto või nukuga, aga nad ei tea, kuidas mänguauto tehti või kust nukk osteti. Järelikult teavad lapsed mingil määral asju, mida silmaga näha võib, aga nad ei mõista silmaga nähtamatu üksikasju.

Vaimselt on lastel algajate usk Jumala Isa tundmiseks; pärast Jeesuse Kristuse vastuvõtmist ja Püha Vaimu saamist on neil usus arm. 1. Johannese 2:14 öeldakse: *„Ma olen kirjutanud teile,* *lapsed, sest te olete ära tundnud Isa.*" Siin näitab „te tunnete Isa", et laste usuga inimesed on Jeesus Kristuse vastu võtnud ja Jumala Sõna õppinud koguduses käies.

Nii nagu imik teab esialgu vähe, kuid suudab kasvades oma isa ja ema ära tunda, hakkavad ka vastpöördunud usklikud järk-järgult koguduses käimise ja Jumala Sõna kuulamise käigus mõistma Jumala Isa tahet ja südant. Siiski, nad ei ole ikkagi suutelised Sõnale kuuletuma, sest neil ei ole piisavalt usku.

Seega, laste usk on nende inimeste usk, kes teavad tõde, kuna nad on seda kuulnud, aga nad vahel teevad Sõna kohaselt ja vahel taas mitte. See usutase ei ole veel täielik.

Kes kutsub Jumalat „Isaks"?

Kui keegi ei ole Jeesus Kristust vastu võtnud, kuid tunnistab: „Ma tunnen Jumalat," ta valetab. Aga on neid, kes ütlevad: „Ma ei käi koguduses, kuid ma tunnen Jumalat." On neid, kes on Piiblit üks-kaks korda lugenud ja kel oli varem tavaks koguduses käia või kes on Jumalast siin-seal kuulnud. Aga kas nad tõeliselt tunnevad Loojat Jumalat?

Kui nad tegelikult Jumalat tunnevad, peaksid nad mõistma, miks Jeesus on üks ja ainus Jumala Poeg, miks Jumal saatis Ta sellesse maailma ja miks Jumal pani Eedeni aeda hea ja kurja tundmise puu. Nad peavad samuti teadma taeva ja põrgu olemasolu kohta ja kuidas saada päästetud ja minna taevasse.

Veel enam, kui neid fakte tõesti mõista, ei keeldutaks kogudusse minekust ja Jumala Sõna järgi elamast. Kuid nad ei käi koguduses ega kutsu Jumalat „Isaks", kuna nad ei usu Jumalat ega tunne Teda.

Samamoodi võivad mõned maailmalikud inimesed, kes Jumalat ei usu, öelda, et nad tunnevad Teda, aga see ei ole tõde. Nad ei tunne Jumalat ega suuda Teda „Isaks" kutsuda, sest nad ei tunne Jeesust Kristust ega ela Tema Sõna alusel (Johannese 8:19).

Inimesed kutsuvad Jumalat erinevalt

Usklikud kutsuvad sama Jumalat erinevalt, vastavalt oma usumõõdule. Mitte keegi ei kutsu Teda „ Isa Jumalaks" kui nad ei ole Jeesust Kristust oma Päästjaks vastu võtnud. See on väga loomulik, et niisugune inimene ei kutsu Jumalat „Isaks", kuna ta ei ole veel uuesti sündinud.

Kuidas vastpöördunud usklikud Jumalat kutsuvad? Nad on veidi arad ja kutsuvad Teda lihtsalt „Jumalaks." Nad ei suuda Teda armsalt „Isa Jumalaks" kutsuda, vaid tunnevad end selle asemel kohmetult või võõralt, kuna nad ei ole Teda Isana teeninud.

Kuid nimi, millega usklikud Jumalat kutsuvad, muutub kui nende usk kasvab laste mõõtmesse. Nad kutsuvad Teda „Isaks" kui neil on laste usk, samamoodi nagu lapsed kutsuvad oma isasid rõõmsameelselt „issiks." Muidugi, see ei ole vale kui nad kutsuvad Teda lihtsalt „Jumalaks" või „Isa Jumalaks." Kui nende usk saab veel täiskasvanumaks, hakkavad nad Teda kutsuma oma „Isa Jumalaks" selle asemel, et öelda Talle „Jumal Isa." Veel enam, kui nad Jumalat paluvad, kutsuvad nad Teda lihtsalt „Isaks."

Mis kõlab teie arvates meeldivamalt ja lähedasemalt Jumalale: kas see, kes kutsub Teda „Jumalaks" või see, kes kutsub Teda „Isaks"? Kuidas see Jumalale meeldib kui Teda kogu südamest

„Minu Isaks" kutsuda!

Õpetussõnades 8:17 öeldakse: *„Mina armastan neid, kes armastavad mind, ja kes otsivad mind, need leiavad minu."* Mida enam Jumalat armastada, seda suurem on Tema vastuarmastus. Mida enam Teda otsida, seda kergem on Temalt vastuseid saada.

Tegelikult elate te taevas igavesti ja kutsute Jumala lapsena Teda oma „Isaks", nii et see on üksnes sobiv, et teil oleks lähedane ja õige osadus Jumalaga ka selles elus. Seega te peate tegema oma kohust Jumala lastena ja näitama oma armastust Tema vastu üles sellega, et te teete täielikult Tema käsusõnade kohaselt.

3. Noorte usk

Nii nagu laps kasvab ja saab tugevaks ja taibukamaks noorukiks, kasvab ka laste usk ja sellest saab noorukite usk. See tähendab, et pärast vaimse usu lapsepõlve faasi kasvab inimeste usutase palve ja Jumala Sõna kaudu vaimsete noorukite usuks, kes teavad, mis on Isa Jumala tahe ja patt.

Noored on tugevad ja julged

Vähesed lapsed tunnevad oma maa ajalugu hästi. Nad peavad vanemate kaitse all olema ja isegi kui nad sooritavad kuriteo, vastutavad nende vanemad selle eest, kuna nad ei ole oma lapsi õigesti õpetanud. Lapsed ei tea täpselt seda, mis on patt ega mis on õigsus ega vanemate südant, kuna nad õpivad veel.

Aga kuidas on lood noorukitega? Nad on tugevad, äkilised ja

teevad tõenäoliselt pattu. Nad on innukad nägema, õppima ja kogema kõike ja neil on kalduvus teisi jäljendada. Neil on kalduvus kõige suhtes uudishimulik olla, nad on jonnakad ja kindlad, et ei ole olemas asja, milleks nad suutelised ei ole. Samamoodi ei otsi vaimsed noored maiseid asju, vaid neil on selle asemel taevalootus Püha Vaimu täiusega ja nad alistavad patu Jumala Sõnaga, kuna neil on tugev usk. Nad elasid võidukalt igas olukorras, võites maailma ja kuradi kõigutamatu julgusega, kuna neis oli Sõna.

Võit ja kuradi üle valitsemine

Kuidas siis noored, kellel on tugev ja julge usk, võidavad patuse maailma ja kuradi? Neile, kes võtavad Jeesuse Kristuse vastu, antakse õigus saada Jumala lasteks ja võidutseda kurjade üle tões. Kurat, olgugi et ta on tugev, ei julge Jumala laste ees midagi teha. Seetõttu kirjutatakse 1. Johannese 2:13: *„Ma kirjutan teile, noored, sest te olete ära võitnud kurja."*

Te võite kuradit võita kui te tões püsite, sest Jumala Sõna peaks teisse jääma. Samamoodi nagu inimesed ei saa käsku pidada ilma toda tundmata, ei saa teie elada Jumala Sõna kohaselt ilma seda tundmata.

Seetõttu on teil vaja Tema Sõna oma südames pidada ja selle järgi elada, heites eemale igasuguse patu. Sel viisil võidavad noorte usuga inimesed maailma Jumala Sõnaga. Seetõttu kirjutatakse 1. Johannese 2:14: *„Ma olen kirjutanud teile, noored, sest te olete tugevad ja Jumala Sõna püsib teis ning te olete ära võitnud kurja."*

4. Isade usk

Kui tugeva ja paindumatu vaimuga noored kasvavad ja neist saavad täiskasvanud, suudavad nad hinnata ja mõista igat olukorda ja saada pärast paljusid kogemusi tarkust, et olla piisavalt ettenägelik, et end vajadusel alandada. Isade usuga inimesed teavad Jumala päritolu üksikasjalikult ja mõistavad Tema ettehoolet, kuna neil on sügav vaimne usk.

Kes teab Jumala päritolu?

Isad erinevad noortest palju poolest. Noored on ebaküpsed, kuna neil puuduvad kogemused, isegi kui nad on palju õppinud. Niisiis, on palju olukordi ja sündmusi, mida noored ei mõista, kuna aga isad taipavad paljut hästi, sest nad on kogenud erinevaid elutahke.

Isad saavad samuti aru, miks vanemad tahavad lapsi ja kui valus on lastesünnitamine ning kui tülikas on lapsi kasvatada. Nad tunnevad oma perekonda: oma vanemate päritolu, kuidas nad kohtusid ja abiellusid ja sarnast.

Korea vanasõnas öeldakse: „Üksnes siis kui te oma lapsed sünnivad, võite te tõeliselt mõista oma vanemate südant." Samamoodi saavad ainult isade usuga inimesed Isa Jumala südant täielikult mõista. 1. Johannese 2:13 öeldakse niisuguste küpsete kristlaste kohta: „*Ma kirjutan teile, isad, sest teie olete mõistnud Teda, kes on algusest.* "

Peale selle, isade usuga inimesed saavad paljudele eeskujuks ja nad on igasuguste inimeste suhtes vastuvõtlikud, sest nad on alandlikud ja suudavad seista kindlalt tõe peal, sellest kõrvale kaldumata.

Kui me võrdleme isade usku lõikushooajaga, saab noorte usku võrrelda ebaküpse viljaga. Noorte usuga inimesi võrreldakse ebaküpse viljaga, kuna neil on kalduvus oma mõtete ja teooriatega pealekäiv olla.

Kuna Jeesus näitas meile teenimisel eeskuju, pestes oma jüngrite jalgu, on vaimsetel isadel, erinevalt noortest, tegude küps vili ja nad toovad nende tegude viljadega Jumalale au.

Jeesuse Kristuse südame omamine

Jumal tahab, et Ta lastel oleks algusest peale olnud Jumala ja end alandanud ja surmani kuuletunud Jeesuse Kristuse (Filiplastele 2:5-8) süda. Sel põhjusel lubab Jumal oma lastele katsumusi ja nende katsumuste teel nende usk küpseb ja nad saavad vastupidavust ja lootust. Sel moel kasvab nende usk isade usutasemele.

Luuka 17. peatükis õpetas Jeesus oma jüngritele tähendamissõna sulasest. Sulane töötas kogu päeva põllul ja naasis hämaras koju, kuid keegi ei öelnud talle: „Hästi tehtud! Puhka ja einesta." Selle asemel pidi sulane oma peremehele eine valmistama ja teda teenima ja alles pärast seda võis ta oma einet sööma hakata. Sellele lisaks ei öelnud talle keegi: „Tänan väga sinu vaeva eest," kuigi ta tegi kõik, mida tema isand käskis. Sulane ütleb vaid: „Ma olen kõlvatu sulane; Ma olen teinud vaid seda, mida ma tegema pidin."

Samamoodi peate teie olema alandlik ja kuulekas inimene, kes ütleb: „Ma olen kõlvatu sulane; ma olen teinud üksnes seda, mis mu kohus," isegi siis kui te olete teinud kõik, mida Jumal teil teha käskis. Isade usuga inimesed teavad algusest olemas olnud Jumala südame sügavust ja kõrgust ja neil on ka end alandanud ja eikellekski saanud ning surmani kuuleka Jeesuse Kristuse süda. Seega tunneb Jumal selliseid inimesi ja soovitab neid väga ja nad säravad taevas nagu päike.

Nii nagu väike sinepiivake kasvab ja sellest saab suur puu, mille okstel pesitsevad paljud linnud, kasvab vaimne usk imikute/väikelaste usumõõdust laste, noorukite ja isade usuni. Kui imepäraselt õnnistatud te olete kui te tunnete Teda, kes on algusest olnud ja teil on piisavalt usku, et mõista Tema kõrgust ja sügavust ja suudate hoolitseda paljude ekslevate hingede eest nii nagu Jeesus tegi!

Ma palun Isanda nimel, et teil oleks Isanda süda, mis on tulvil suuremeelsust ja armastust ja isade usk, et te kannaksite rohket vilja ja säraksite igavesti nagu päike taevas!

3. peatükk

Igaühe usu mõõt

1
Jumala antud usu mõõt
2
Igaühe erinev usu mõõt
3
Tules läbi katsutud usu mõõt

*Sest selle armu tõttu, mis mulle on antud,
ütlen ma igaühele teie seast,
et ta ei mõtleks üleolevalt selle kohta,
mida tuleb mõtelda,
vaid mõtleks nõnda, et saaks arukaks
sedamööda, kuidas Jumal igaühele usu mõõdu on jaganud.*
(Roomlastele 12:3)

Jumal laseb teil külvatut lõigata ja annab teile tasu vastavalt tehtule, sest Ta on õiglane. Matteuse 7:7-8 ütles Jeesus: *„Paluge, ja teile antakse, otsige, ja te leiate, koputage, ja teile avatakse, sest iga paluja saab ja otsija leiab ja igale koputajale avatakse!"*
Te saate õnnistused ja palvevastused mitte lihaliku, vaid vaimse usu teel. Te võite saada lihaliku usu Jumala Sõna kuulates ja seda õppides. Kuid vaimset usku ei saa vabalt; seda saab vaid siis kui Jumal seda annab.

Seega õhutatakse meid Roomlastele 12:3: *„Mõtelge nõnda, et te saaksite arukaks sedamööda, kuidas Jumal igaühele usu mõõdu on jaganud."* Iga üksikisiku Jumalalt saadud vaimne usk erineb teiste omast. Samuti leiame 1. Korintlastele 15:41: *„Isesugune on päikese kirkus ja isesugune kuu kirkus ja isesugune tähtede kirkus, sest ka täht erineb tähest kirkuse poolest,"* taevased asupaigad ja igaühele antav au erinevad usumõõdu kohaselt.

1. Jumala antud usu mõõt

„Mõõt" on mingi asja kaal, kogus, arv või suurus. Jumal mõõdab iga üksikisiku usku ja annab igaühele vastused tema usu mõõdu kohaselt.

Tavaliselt saavad suure usuga inimesed vastused vaid siis kui nad neid südames soovivad saada, aga teised saavad vastused vaid siis kui nad palvetavad ja paastuvad päeva ja siis vähese usuga inimesed saavad vastused kui nad palvetavad kuid või aastaid. Kui vaimset usku saaks soovi korral „välja teenida", saaks igaüks kõik soovitud õnnistused ja vastused. Maailmast saaks väga kaootiline ja korratu elukoht.

Oletagem, et keegi ei ela Jumala Sõna järgi. Kui see mees palub: „Jumal, las minust saada selle maa kõige väljapaistvama ärikontserni juht!" või „Ma vihkan teda. Palun karista teda" ja ta palve ning soov saaksid vastuse, missugune oleks maailm?

Vaimne usk ja sõnakuulelikkus

Kuidas saada vaimset usku? Jumal ei anna igaühele vaimset usku, vaid üksnes neile, kes kvalifitseeruvad selleks Tema Sõna täitmise teel. Sellele vastavalt võib vaimset usku saada määral, mil te heidate endist ära ebatõe nagu vihkamine, vaidlused, kadeduse, abielurikkumise ja sarnase ja armastate isegi oma vaenlasi.

Jeesus kiitis mõningaid Piiblis ja ütles: „Teie usk on suur!", aga noomis teisi, öeldes: „ Teil on vähe usku!"

Näiteks Matteuse 15:21-28 tuli Kaanani naine Jeesuse juurde ja palus, et Ta tervendaks tema deemonitest seestunud tütre. Ta hüüdis: *„Isand, Taaveti Poeg, halasta minu peale! Kuri vaim vaevab mu tütart hirmsasti!"* (22. salm)

Aga Jeesus tahtis ta usku läbi katsuda ja vastas: *„Mind ei ole läkitatud muude kui Iisraeli soo kadunud lammaste juurde"* (24. salm). Naine põlvitas Jeesuse ette. Ta ütles: *„Isand, aita mind!"* (25. salm) Jeesus keeldus taas ja ütles: „*Ei ole ilus võtta* *laste leiba ja visata koerakestele"* (26. salm). Ta ütles seda, kuna Tema aja juudid pidasid paganaid koerteks ja naine oli pagan Tüürose piirkonnast.

Selles olukorras oleks enamik inimesi tundnud häbi, julguse kaotanud või solvunud ja oleksid vastuste saamise püüust kergesti loobunud. Kuid naine ei olnud pettunud ja võttis Jeesuse Sõna alandlikult vastu. Ta alandas end koerataolise väikese alama olendi tasemele ja palus järeleandmatult Tema armu: *„Ei ole küll, Isand, ometi söövad koerakesed raasukesi, mis nende isandate laualt pudenevad"* (27. salm). Siis oli Jeesusel tema usust hea meel ja Ta vastas: *„Oh naine, sinu usk on suur. Sündigu sulle, nagu sa tahad!"* ja ta tütar sai otsekohe terveks (28. salm).

Me näeme ka, kuidas Jeesus noomis oma jüngreid nende vähese usu tõttu Matteuse 17:14-20. Üks mees tõi oma poja, kellel oli tugev epilepsia, Jeesuse jüngrite juurde, kuid nad ei suutnud last tervendada. Pärast tõi mees oma poja Jeesuse juurde ja Ta ajas poisist kohe kurjad vaimud välja ja tegi ta terveks. Pärast seda kui Jeesus lapse terveks tegi, tulid Tema jüngrid ja küsisid Tema käest: *„Mispärast meie ei suutnud teda välja ajada?"* (19. salm) Ta vastas: *„Teie nõdra usu pärast"* (20. salm).

Lisaks noomis Jeesus Peetrust Matteuse 14:22-33. Ühel ööl olid Tema jüngrid paadis keset tugevasti loksuvaid laineid ja Jeesus lähenes neile vee peal käies. Nad tundsid õudust kui nad nägid Teda esialgu mere peal käimas ja karjusid hirmust: *„See on tont!"* (26. salm) Jeesus ütles neile sedamaid: *„Olge julged, see olen mina, ärge kartke"* (27. salm).

Peetrus muutus julgeks ja vastas: *"Isand, kui see oled Sina, siis käsi mind tulla enda juurde vee peale"* (28. salm). Siis Jeesus ütles: *"Tule!"* nii nagu Peetrus tahtis kuulda. Peetrus astus paadist välja ning kõndis vee peal ja tuli Jeesuse juurde. Aga tuult nähes lõi ta kartma ja hüüdis uppuma hakates: *"Isand, päästa mind!"* (30. salm) Jeesus sirutas otsekohe oma käe ja haaras Peetrusest kinni ja noomis oma jüngrit: *"Sa nõdrausuline, miks sa kahtlesid?"* (31. salm)

Peetrust noomiti sel ajal tema vähese usu tõttu, aga kui ta sai Püha Vaimu ja Jumala väe, tegi ta Isanda nimel arvukaid imesid ja ta löödi pea alaspidi risti tema suure usu tõttu Isandasse.

2. Igaühe erinev usu mõõt

Piiblis on palju tähendamissõnu, kus selgitatakse usu mõõtu. 1. Johannese 2. peatükis selgitatakse usu mõõtu, võrreldes seda inimese kasvamisega ja Hesekieli 47:3-5 selgitatakse usu mõõtu, võrreldes seda vee sügavusega:

> *Kui mees läks välja ida suunas, siis oli tal mõõdunöör käes ja ta mõõtis tuhat küünart ning laskis mind veest läbi minna: vett oli pahkluudeni. Ja ta mõõtis taas tuhat ning laskis mind veest läbi minna: vett oli põlvini. Ja ta mõõtis taas tuhat ning laskis mind läbi minna: vett oli niueteni. Ja ta mõõtis taaas tuhat: siis oli jõgi, millest ma ei saanud läbi minna, sest vesi oli kõrge; vesi oli paras ujumiseks, jõgi, millest ei saadud läbi minna.*

Hesekieli raamat on üks viiest Vana Testamendi Suurest prohvetiraamatust. Jumal pani prohvet Hesekieli prohvetikuulutusi üles kirjutama kui Paabel hävitas Juuda lõunaosas asuva kuningriigi ja paljud juudid viidi sõjavangidena minema. Hesekieli 40. peatükist edasi kirjeldatakse templit, mida Hesekiel nägemuses nägi.

Hesekieli 47. peatükis kirjutab prohvet nägemusest, milles ta nägi vett voolamas templi läve alt ida külje poole. Vesi voolas alla templi parempoolse külgseina alt, lõuna poolt altarit. Siis voolas vesi läbi põhjavärava ja vesi vulises templi idapoolse välimise värava parempoolsest külgseinast.

„Vesi" sümboliseerib siin vaimselt Jumala Sõna (Johannese 4:14) ja tõsiasi, et vesi tuli läbi pühamu ja voolas selle sees ringi ja siis pühamust välja, tähendab, et Jumala Sõna ei jutlustata mitte vaid pühamus, vaid ka maailma suunas.

Mida Hesekiel pidas silmas, rääkides mõõdunööriga ida suunas minevast „mehest, kes mõõtis tuhat küünrat"? See näitab, kuidas Isand mõõdab Kohtupäeval igaühe usku ja mõistab nende üle täpset kohut vastavalt igaühe usu mõõdule.

„Mees mõõdunööriga käes" räägib Isanda teenrist ja „mõõdunööri omamine" tähendab, et Isand mõõdab igaühe usku õigesti, vigu tegemata. Seega tähistavad muutuvad veesügavused metafooridena usu mõõdu eri tasemeid.

Veesügavusele vastavalt

„Pahkluu sügavune vesi" näitab vaimsete imikute/väikelaste usku, see usutase võimaldab teid vaid pääsemist vastu võtta. Kui usu mõõtu võrrelda inimese pikkusega, on see tase tema pahkluude kõrgusel. Järgmisena viitab „põlvesügavune vesi" laste usule ja „vöökõrgune vesi" noorukite usule. Viimaks viitab „ujumiseks piisavalt sügav vesi" isade usule.

Sedamoodi mõõdetakse Kohtupäeval igaühe usku ja Isand määrab igaühe taevase asukoha sel määral, mil ta elab Jumala Sõna kohaselt.

„Tuhande küünra mõõtmine" näitab Jumala suurt südant ja Tema täpsust, kus ei tehta vähimatki viga ja Tema südame sügavust, kus võetakse kõike arvesse. Jumal mõõdab igaühe usku mitte vaid ühest vaatenurgast, vaid Ta arvestab kõikide külgedega. Jumal otsib meie iga teo ja me südame keskkoha nii täpselt läbi, et keegi ei tunne, et ta kohta oleks vale otsus tehtud.

Seega otsib Jumal kõik oma lõõmavate silmadega läbi ja paneb igaühe lõikama seda, mida nad külvasid ja annab igaühele tehtule vastava tasu. Seepärast öeldakse Roomlastele 12:3: „*Sest selle armu tõttu, mis mulle on antud, ütlen ma igaühele teie seast, et ta ei mõtleks üleolevalt selle kohta, mida tuleb mõtelda, vaid mõtleks nõnda, et saaks arukaks sedamööda, kuidas Jumal igaühele usu mõõdu on jaganud.*"

Mõtelge targalt, vastavalt oma usu mõõdule

Pahkluukõrguses vees käimine on ja tundub üsna erinev vöökõrguses vees käimisest. Kui te olete pahkluusügavuses vees, võite te otsustada kõndida või joosta, kuna selles ei saa ujuda. Aga vöökõrguses vees eelistate te käimisele ujumist.

Samamoodi, laste usuga mõeldakse erinevalt isade usuga olijaist, nii nagu mehe mõtted erinevad erinevates veesügavustes. Seega on vaid sobiv, et te mõtete targalt, vastavalt oma usu mõõdule.

Aabraham sai Iisaki Jumala tõotatud pojana, pärast seda kui Jumal tema usku oli tunnistanud. Ühel päeval käskis Jumal Aabrahamil tema ainsa poja Iisaki põletusohvriks tuua. Mida Aabraham arvas Jumala käsust? Ta ei mõtelnud kunagi meelehärmis: „Miks Jumal käseb mul Iisakit põletusohvriks tuua, hoolimata sellest, et Ta andis Iisaki tõotatud pojana? Kas Ta murrab oma lubadust?"

Heebrealastele 11 meenutatakse, et Aabraham mõtles Jumala käsust targalt: „Ta ei valeta kunagi, seega Ta võib mu poja ka surnuist ellu äratada." Aabraham ei arvanud endast ülemääraselt palju, vaid ta nägi end pigem vastavalt Jumalalt saadud usu mõõdule.

Aabraham ei kurtnud ega nurisenud, vaid kuuletus Jumalale alandliku südamega. Selle tulemusel oli ta Jumalale meelepärane ja suurema soosinguga ja temast sai usuisa.

Te peate mõistma, et Aabrahami kuulutati vaimset usku omavaks tõsise ja raske läbikatsumise teel, mis viis õnnistusteni. Te võite Jumala armastuse ja õnnistused saada kui te läbite tulised katsumused ja mõtlete endast targalt, vastavalt oma usu mõõdule.

3. Tules läbi katsutud usu mõõt

1. Korintlastele 3:12-15 räägitakse meile, et Jumal katsub igaühe usu tulega läbi ja mõõdab pärast seda allesjäävat tööd:

Kas keegi ehitab sellele alusele hoone kullast,

hõbedast kalliskividest, puudest, heintest või õlgedest – kord saab igaühe töö avalikuks. Isanda päev teeb selle teatavaks, sest see ilmub tules, ja tuli katsub läbi igaühe töö, missugune see on. Kui kellegi töö, mis ta on ehitanud, jääb püsima, siis ta saab palga. Kui kellegi töö põleb ära, siis ta saab kahju, aga ta ise päästetakses otsekui läbi tule.

„Alus" räägib siin Jeesusest Kristusest ja „töö" näitab kogu südamest tehtud jõupingutust. Kui keegi usub Jeesusesse Kristusesse, on tema töö ka sellisena nähtav, „kuna Isanda päev näitab seda."

Millal on töö nähtav?

Esiteks on igaühe töö nähtav siis kui tema ülesanne on täidetud. Kui ülesanded on iga-aastased, on töö nähtav iga aasta lõpul.

Teiseks, Jumal katsub igaühe töö tulise katsumuse teel läbi. Mõned on rahus ja ei muutu isegi kui nende ees seisavad tõsised läbikatsumised ja raskused nagu tuli, teised aga ei suuda neis vastu pidada.

Lõpuks katsub Jumal igaühe töö Kohtupäeval läbi, see saabub pärast Jeesuse Kristuse teist tulekut. Ta mõõdab igaühe pühadust ja ustavust ja määrab vastavalt taevase asukoha ja tasud.

Töö jääb püsima pärast tulist läbikatsumist

Taas meenutatakse meile 1. Korintlastele 3:12-13: *„Kas keegi* ehitab sellele alusele hoone kullast, hõbedast, kalliskividest, puudest, heintest või õlgedest – kord saab igaühe töö avalikuks. Isanda Päev teeb selle teatavaks, sest see ilmub tules, ja tuli katsub läbi igaühe töö, missugune see on."

Kui Jumal katsub igaühe töö tulega läbi, on igaühe töö kas kullast, hõbedast, kalliskividest, puust, heinast ja õlgedest usuga tehtud. Pärast Jumala läbikatsumist pääsevad kullast, hõbedast, kalliskividest, puust või heinast usuga inimesed, kuid õlgedest usuga inimesed ei pääse, sest nad ei ole vaimus surnutest paremad.

Pealegi suudavad kullast, hõbedast või kalliskividest usuga inimesed võita tulised katsumused, kuna kuld, hõbe või kalliskivid ei hävi tules, kuid puidust ja heintest usuga inimestel ei ole neid tugevaid tuliseid läbikatsumisi lihtne võita.

Kulla, hõbeda ja kalliskivide iseloomustus

Kuld on sepistatav, kergesti vormitav, kollane metalne element ja seda kasutatakse eriti müntide vermimiseks, ehete, aksessuaaride või käsitöö tegemisel. Seda on kaua aega peetud kõige hinnalisemaks kallisvaraks. Selle ilus sära ei muutu isegi pärast pikka aega, kuna kulla ja muude ainete vahel ei esine keemilist reaktsiooni.

Sellest tulenevalt on kulda peetud kõige hinnalisemaks kallisvaraks, kuna see on muutumatu ja äärmiselt kasulik mitmeks otstarbeks ja piisavalt paindlik igasuguse kuju võtmise jaoks.

Hõbedat kasutatakse laialdaselt müntide tegemiseks ja aksessuaarideks ning tööstusotstarbel, sest selle sepistatavus ja vormitavus on paremuselt teisel kohal ning see on väga hea soojusjuht. Hõbe on kullast kergem ja ta ei ole nii ilus ega särav kui kuld.

Kalliskividest nagu teemandid, safiirid või smaragdid kiirgub ilus värv ja sära, kuid neid ei saa eri otstarvete jaoks kasutada. Samuti väheneb nende väärtus ja nad muutuvad väärtusetuks kui nad on murruga või kriimustatud.

Seega mõõdab Jumal igaühe usku kullast, hõbedast, kalliskividest, puust, heinast, õlgedest usuga, vastavalt tööle, mis jääb pärast tuliseid läbikatsumisi püsima ja peab kullast usku kõige väärtuslikumaks.

Saage kullast usk

Ühelt poolt ei kõigu kullalaadse usuga inimesed isegi tulistes läbikatsumustes. Hõbedast usk ei ole sama tugev kui kuldne, kuid see on suurem kui kalliskividest usk, mis on tules kergesti purunev. Teiselt poolt saavad puust või heinast usuga inimesed, kelle töö põleb Jumala tulistes läbikatsumistes, vaevu päästetud, mingit tasu saamata. Jumal tasub igaühele tehtu kohaselt, sest Ta on õige ja õiglane. Seega on Talle meeltmööda need, kellel on muutumatu usk, mis ei muutu nii nagu kuld ei muutu kunagi ja tasub neile taevas ning samuti ka maa peal.

Apostel Paulus, kes oli paganate pühendunud apostel, kuulutas evangeeliumi muutumatust südamest ja jooksis usu võidujooksu lõpuni, kuigi ta seisis silmitsi arvukate läbikatsumiste ja raskustega ajast, mil ta kohtus Isandaga esmakordselt.

Apostlite teod 16:25 öeldakse järgmist: „*Kesköö paiku*

Paulus ja Siilas palvetasid ja laulsid Jumalat kiites, ning vangid kuulasid neid. " Paulust ja Siilast piitsutati jõhkralt evangeeliumi kuulutamise eest ja nad vangistati ning nende jalad pandi jalaraudu, aga nad kiitsid Jumalat ja palvetasid kurtmata.

Niimoodi ei salanud Paulus Isandat kunagi kuni surmani ning ta ei rääkinud kunagi ainsatki kaebesõna. Ta oli alati rõõmus ja tänulik oma südames, mis oli täis taevalootust ja ta oli ustav Isanda töös, kuni oma elu andmiseni.

Kui teil on kuldne usk, mis oli apostel Paulusel, viibite ka teie aulises kohas, mis särab kui päike taevas ja saate Jumala suure armastuse osaliseks oma töö tõttu, mis ei põle tuhaks.

Puust ja heinast usk

Hõbeusuga inimesed saavutavad oma ülesanded nii nagu nad tegema peaksid, isegi kui nende usk on kullast usust väiksem. Milline on siis kalliskividest usk?

Kalliskividest usuga inimesed tunnistavad: „Ma olen Isandale ustav! Ma kuulutan evangeeliumi kogu südamest," pärast seda kui nad on haigusest terveks saanud või Püha Vaimuga täitunud. Kui nad saavad oma palvevastused, väidavad nad: „Edaspidi elan ma vaid Jumalale." Nad näivad välispidiselt kuldset usku omavat, kuid komistavad või lähevad tulistes läbikatsumistes eksiteed, sest neil ei ole kullast usku. Kui nad saavad täis Püha Vaimu, näivad nad suure usuga olevat, aga nad pöörduvad usuteelt ja lõpuks on nende süda purunenud, otsekui puuduks neil usk täiesti.

Teiste sõnadega, kalliskiviusk näib ilus vaid hetkeks. Siiski, kalliskivi usuga töö jääb pärast tuliseid katsumusi püsima, nii

nagu juveelide või kallikivide kuju säilub tules.
Kuid puust ja heintest usu teod põlevad tulistes katsumustes täiesti ära. Taas öeldakse 1. Korintlastele 3:14-15: *„Kui kellegi töö, mis ta on ehitanud, jääb püsima, siis ta saab palga."*

See on tõsi, et kullast, hõbedast või kalliskividest usuga inimesed pääsevad ja saavad taevase tasu, kuna nende usu teod jäävad pärast Jumala tulist katsumust püsima. Aga puust ja heintest usu teod põlevad tulistes katsumustes täiesti ära ja niisugused isikud pääsevad vaevu, kuid ei saa mingit taevast tasu.

Jumalale on teie usk rõõmuks ja Ta tasub teile rohkelt, kui te otsite Teda innukalt. Heebrealastele 11:6 öeldakse: *„Aga ilma usuta on võimatu olla meelepärane, sest kes tuleb Jumala juurde, peab uskuma, et Tema on olemas ja et Ta annab palga neile, kes Teda otsivad."*

Ta mõõdab igaühe usku tulekatsumusega. Jumal annab ka maapealseid õnnistusi ja taevaseid tasusid igaühele, kellel on kullataoline muutumatu usk.

Seega teil tuleb mõista, et on olemas erinevad vastused ja Jumala õnnistused ning samuti erinevad taevased asupaigad ja aukroonid, mis vastavad igaühe usumõõdule.

Ma palun meie Isanda nimel, et te võiksite püüda saada Jumalale nii meelepärast kullast usku, et te võiksite olla kõiges maapealses õnnistatud ja elaksite aulises kohas, kus te särate nagu päike taevas!

4. peatükk

Usk pääsemise vastuvõtmiseks

Usu Mõõt

1
Esimene usutase
2
Kas te saite Püha Vaimu?
3
Meelt parandanud kurjategija usk
4
Ärge kustutage Püha Vaimu
5
Kas Aadam oli päästetud?

Aga Peetrus ütles neile:
„Parandage meelt ja igaüks teist lasku ennast
ristida Jeesuse Kristuse nimesse
oma pattude andekssaamiseks,
ning siis te saate Püha Vaimu anni.
Sest see tõotus on antud teile ja teie lastele
ning kõikidele, kes on eemal,
keda iganes Jumal, meie Isand, enese juurde kutsub."
(Apostlite teod 2:38-39)

Eelmises peatükis tegin ma ülevaate sellest, et Jumalale on meelepärane vaimne usk, millega kaasnevad teod, et igaühel on erinev vaimse usu mõõt ja et see küpseb vastavalt igaühe Jumala Sõnale kuuletumisele.

Usumõõt jaguneb viieks tasemeks – kuldne, hõbedane, kalliskivide usk ning puu- ja heinausk. Nii nagu trepist minnakse astmekaupa üles, küpseb ka teie usk, heinausust kuldse usuni, kui te kuulate Jumala Sõna ja kuuletute sellele.

Sest taevast saab vaid usu läbi, te peate oma usku järjest kasvatama, et taevariigist vägivaldselt kinni haarata. Peale selle, sama palju kui te saavutate kuldset usku, taastub teis Jumala kadunud kuju ja te olete soosingus ja Talle meelepärane ja jõuate lõpuks Uude Jeruusalemma, kus asetseb Jumala aujärg. Peale selle, kui teil on kullast usk, on Jumalal teist heameel, Ta käib teiega ja vastab teie südameigatsustele ja õnnistab teid, et te võite teha imelisi tunnustähti.

Seega ma loodan, et te mõõdate oma usku ja püüate saada veelgi täiuslikumat usku.

1. Esimene usutase

Enne Jeesuse Kristuse vastuvõtmist olime me kuradi lapsed ja pidime minema põrgusse, kuna me elasime patus. Selle kohta kirjutatakse 1. Johannese 3:8: *"Kes teeb pattu, on kuradist, sest kurat teeb pattu algusest peale. Selleks ongi Jumala Poeg saanud avalikuks, et Ta tühistaks kuradi teod."*

Ükskõik kui hea ja veatu te ka välja ei näeks, te leiate, et te elate pimedas, sest teie sisse peidetud kurjus saab avalikuks kui Jumala täiusliku tõe valgus teie peale paistab.

Kunagi ma mõtlesin, et ma olin nii hea ja üllas inimene, et ma võisin ilma käsuseaduseta elada. Aga kui ma võtsin Isanda vastu ja nägin oma peegelpilti Tõe Sõna peeglis, ma nägin, missugune kuri inimene ma olin olnud. See, kuidas ma tegutsesin, mida ma ütlesin või kuulsin ja mida ma mõtlesin, oli Tema Sõna vastu.

Jumal kiitis Iiobit Iiobi 1:8, öeldes: *"Sest tema sarnast maa peal ei ole: vaga ja õiglane mees, kardab Jumalat ja hoidub kurjast."* Kuid seesama Iiob, keda peeti veatuks õigeks inimeseks, rääkis tugevates katsumustes olles kaebesõnu, kurtis ja ägas.

Ta tunnistas: *"Mu kaebus on tänagi mässuline. Minu käsi lasub raskesti mu ohkamise kohal"* (Iiob 23:2) ja *"Nii tõesti kui elab Jumal, kes võttis ära mu õiguse, ja Kõigevägevam, kes kibestas mu hinge"* (Iiob 27:2).

Iiob paljastas oma kurjuse ja rikutuse oma elu ähvardavates katsumustes, isegi kui teda kiideti ja peeti „veatuks õigeks meheks." Kes siis võib väita, et ta on patuta Jumala ees, kes on Ise valgus, milles ei leidu mingit pimedust?

Jumala ees peetakse patuks kõiki te südames olevaid patu jäänuseid nagu vihkamist või kadedust ning patutegusid nagu peksmine, tülitsemine või vargus. Nende kohta räägib Jumal meile selgelt 1. Johannese 1:8: *"Kui me ütleme: „Meil ei ole pattu", siis me petame iseendid ja tõde ei ole meis."*

Jeesuse Kristuse vastuvõtmine

Armastuse Jumal saatis oma ainsa Poja Jeesuse maa peale,et meid pattudest lunastada. Jeesus löödi risti ja valas oma kalli plekita veatu vere meie eest. Teda karistati meie pattude tõttu. Kuid Ta tõusis kolmandal päeval pärast surma väe võitmist surnuist. Nelikümmend päeva pärast ülestõusmist läks Jeesus jüngrite nähes taevasse, lubades tulla tagasi ja meid taevasse viia (Apostlite tegude 1. peatükk).

Nüüd te saate Püha Vaimu anni ja olete pitseriga kinnitatud Jumala lapseks, kui te usute pääsemise teed ja võtate Jeesuse Kristuse oma südames Päästjaks vastu. Siis te saate ka õiguse olla Jumala laps Johannese 1:12 lubaduse kohaselt: „*Aga kõigile, kes Ta vastu võtsid, andis Ta meelevalla saada Jumala lasteks, neile, kes usuvad Tema nimesse.*"

Õigus saada Jumala lapseks

Oletame, et sünnib laps. Tema vanemad teatavad linnavalitsusele tema sünnist ja registreerivad ta nimeliselt oma pojaks. Samamoodi kui te sünnite taas Jumala lapseks, pannakse teie nimi taevasesse Eluraamatusse kirja ja teile antakse taevane kodakondsus.

Seega, kui te olete esialgsel usutasemel, saate te Jeesuse Kristuse vastuvõtmisega Jumala lapseks ja teile andestatakse teie patud (1. Johannese 2:12) ning te kutsute Jumalat „Isaks" (Galaatlastele 4:6). Samuti teeb teile rõõmu see, et te saite Püha Vaimu, kuigi te ei tunne Jumala tõesõna ja te suudate tunnetada Jumala olemasolu ümbritseva nägemise kaudu.

Seega kutsutakse esimest usutaset „pääsemise vastuvõtmise usuks" või „Püha Vaimu vastuvõtmise usuks" ja see on võrdväärne väikeste imikute/väikelaste usuga või eelkirjeldatud heinausuga.

2. Kas te saite Püha Vaimu?

Apostlite tegudes 19:1-2 kohtus paganate apostel Paulus, kes pühendus evangeeliumi kuulutamisele, Efesose jüngritega ja küsis neilt: *„Kas te võtsite vastu Püha Vaimu kui te saite usklikuks?" Nemad aga vastasid: „Me ei ole kuulnudki, et Püha Vaim on."* Neid ristiti Ristija Johannese veeristimisega meeleparanduseks, kuid nad ei olnud ristitud Jumala anni, Püha Vaimuga.

Nii nagu Jumal lubas Joel 3:1 ja Apostlite teod 2:17, et Ta valab viimastel päevadel oma Vaimu kõigi inimeste peale välja, täitus tõotus ja need inimesed, kes said Jumala Vaimu, Püha Vaimu, rajasid koguduse. Kuid nii nagu Efesose jüngrite puhul, on palju inimesi, kes väidavad, et nad usuvad Jumalat, aga nad elavad, teadmata, kes on Püha Vaim ja mis on Püha Vaimu ristimine.

Kui te saite Jeesuse Kristuse vastuvõtmise teel Jumala lapse õiguse, annab Ta teile selle õiguse tagamiseks Püha Vaimu anni. Seega kui te ei tunne Püha Vaimu, ei saa teid kutsuda ega pidada Jumala lapseks. 2. Korintlastele 1:21-22 öeldakse: *„Aga see, kes meid koos teiega on kinnitanud Kristusesse ja kes meid on võidnud, on Jumal, kes on meid ka pitseriga kinnitanud ning meile andnud käsirahaks Vaimu südamesse."*

Püha Vaimu vastuvõtmine

Apostlite teod 2:38-39 selgitatakse üksikasjalikult, kuidas me võime Püha Vaimu vastu võtta: *„Parandage meelt ja igaüks teist lasku ennast ristida Jeesuse Kristuse nimesse oma pattude andekssaamiseks, ning siis te saate Püha Vaimu anni."* Igaühele, kes tunnistab oma patud ja parandab alandlikult meelt ja usub, et Jeesus on tema Päästja, antakse ta patud andeks ja ta saab Püha Vaimu anni.

Näiteks Apostlite tegude 10. peatükis on Korneeliuse nimeline paganast mees Kaisareas. Ühel päeval külastas apostel Peetrus ta kodu ja kuulutas talle ja kogu ta perele Jeesuse Kristuse evangeeliumi. Peetruse jutlustamise ajal langes nende peale Püha Vaim ja nad hakkasid uutes keeltes rääkima.

Inimesed, kes saavad Jeesuse Kristuse Päästjaks vastuvõtmisega Püha Vaimu, on oma esimesel usutasemel. Ometi nad päåsevad vaevu, kuna nad ei ole veel oma patte ära heitnud nende vastu võideldes ega oma Jumalalt saadud ülesandeid täitnud ega Isale au andnud.

Kurjategija, kes oli teiselpool Jeesust ristil, võttis Ta Päästjaks ja ta usumõõt oli samuti esimesel usutasemel.

3. Meelt parandanud kurjategija usk

Luuka 23. peatükis räägitakse, et Jeesuse kõrval rippusid ristidel kaks kurjategijat. Kui üks neist naeruvääristas Jeesust, noomis teine kurjategija teda ja parandas oma pattudest meelt ning võttis Jeesuse oma Päästjaks: *„Jeesus, mõtle minu peale kui*

Sa tuled oma kuningriiki" ja Jeesus vastas talle: „Tõesti, ma ütlen sulle, juba täna oled sa koos minuga paradiisis" (42-43. salm).

„Paradiis", mida Jeesus kurjategijale lubas, asetseb taeva äärel. Sinna lähevad esimese usutaseme inimesed, kes elavad seal igavesti. Paradiisis olevad päästetud hinged ei saa mitte mingit tasu. See päästetud kurjategija tunnistas oma patud üles, järgides oma head südametunnistust ja talle andestati kui ta võttis Jeesuse Kristuse oma Päästjaks.

Kuid ta ei teinud Isanda jaoks oma maapealse elu jooksul midagi. Sellepärast ta sai Paradiisi lubaduse, millega ei kaasne tasu. Kui inimesed ei kasva oma sinepiivakese suuruses usus isegi Jeesuse Kristuse vastuvõtmisega Püha Vaimu saades, pääsevad nad vaevu ja elavad igavesti Paradiisis, saamata mingit tasu.

Kuid te ei pea mõtlema, et esimesel usutasemel on vaid vastpöördunud usklikud või usus alustajad. Isegi siis kui te olete kaua kristlasena elanud ja teeninud vanema või diakonina, ka siis saate te häbistava pääsemise kui te töö tuleproovis tuhastub.

Seega te peate pärast Püha Vaimu vastuvõtmist palvetama ja püüdma elada Jumala Sõna kohaselt. Kui te ei ela Sõna alusel, vaid jätkate selle asemel patus, kustutatakse teie nimi taevasest eluraamatust ja te ei saa taevasse.

4. Ärge kustutage Püha Vaimu

On inimesi, kes olid kunagi ustavad, aga muutusid aja jooksul oma usus erinevatel põhjustel leigeks ja kes pääsevad vaevu.

Üks mees oli mu kogudusevanem ja teenis ustavalt paljudes

koguduse valdkondades, nii et väliselt paistis, et tal oli suur usk. Kuid ühel päeval haigestus ta äkki tõsiselt. Ta ei suutnud isegi enam rääkida ja tuli, et ma tema eest palvetaksin. Tervenemise eest palvetamise asemel palvetasin ma ta pääsemise eest. Sel ajal tundis ta hing väga hirmu võitluse tõttu, kus inglid püüdsid teda taevasse viia ja kurjad vaimud püüdsid teda põrgusse viia. Kui tal oleks olnud pääsemiseks piisavalt usku, ei oleks kurjad vaimud esiteks üldse tulnud teda ära viima. Ma palvetasin kohe, et kurje vaime ära ajada ja palusin, et Jumal võtaks selle mehe vastu. Kohe pärast palvet sai ta tröösti ja oli pisarais. Ta parandas meelt veidi enne surma ja sai vaevu päästetud.

Sama mees oli kunagi minevikus kui ma ta eest palvetasin, tervenenud ja isegi ta naine tuli mu palve peale surma lävelt tagasi ja jäi elama. Elusõna kuuldes sai tema pere, kus oli varem palju probleeme, õnnelikuks perekonnaks. Sest ajast peale oli ta kasvanud oma püüdlikkusega Jumala ustavaks töötegijaks ja oli oma tehtavas ustav.

Aga kui tema kogudust tabas läbikatsumine, ei püüdnud ta seda kaitsta ega soosida, vaid lasi selle asemel saatanal oma mõtete üle valitseda. Tema suust välja tulevad sõnad lõid suure patumüüri tema ja Jumala vahele. Lõpuks ei saanud ta enam Jumala kaitse all püsida ja ta haigestus tõsiselt.

Jumala töötegijana ei oleks ta pidanud vaatama ega kuulama midagi, mis läks tõele ja Jumala tahtele vastu, aga selle asemel tahtis ta neid asju kuulata ja levitas neid. Jumal sai sellest mehest üksnes oma palge eemale pöörata, kuna ta oli end raskest haigusest tervendanud Jumala suurest armust ära pöördunud. Tema autasud pudenesid laiali ja ta ei suutnud palvetamiseks enam jõudu leida. Tema usk taandus ja jõudis lõpuks kohta, kus ta ei saanud enam isegi oma pääsemises kindel olla.

Õnneks, kuna Jumalal oli meeles, kuidas ta varem kogudust teenis, sai too mees häbistava pääsemise osaliseks kui Jumal oli talle tehtust meeleparanduseks armu andnud.

Seega te peate mõistma, et Jumala jaoks on palju olulisem teie südame sügavuses olev suhtumine Temasse ja Tema tahte alusel tegutsemine kui teie usuaastad. Kui te käite pidevalt koguduses, kuid ehitate patumüüri, olles Jumala Sõnale sõnakuulmatu, hääbub teis olev Püha Vaim ja te kaotate sinepiivakese suuruse usu (1. Tessalooniklastele 5:19) ja te ei pääse.

Heebrealastele 10:38 ütleb Jumal: „*Aga minu õige jääb usust elama, kui ta taganeb, siis ei ole minu hingel temast head meelt.*" Kui armetu te olete kui te kasvate usus aastaid, selleks et maailma tagasi pöörduda! Te peate alati ärkvel olema, et teid ei kiusataks ega te ei taanduks oma usus.

5. Kas Aadam oli päästetud?

Paljud mõtlevad, mis juhtus Aadama ja Eevaga pärast hea ja kurja tundmise puu viljast söömist. Kas nad pääsesid pärast nende needmist ja Eedeni aiast sõnakuulmatuse tõttu välja ajamist?

Süveneme protsessi, mille käigus esimene inimene Aadam oli Jumala käsule sõnakuulmatu. Pärast seda kui Jumal lõi taevad ja maa, vormis Ta maapõrmust inimese oma kuju järgi ja oma sarnaseks. Kui Ta hingas inimese sisse eluõhu, sai inimesest elusolend. Siis istutas Ta maast eraldi asetsevast Eedenist idasse Eedeni aia ja viis ta sinna.

Eedeni aias oli kõik palju ilusam ja külluslikum kui ükskõik millises maapealses kohas ja Aadamal ei olnud seal puudust ning tal oli igavese elu õnnistus ja õigus kõige üle valitseda. Lisaks andis Jumal talle abilise ja õnnistas neid, et nad oleksid viljakad, edeneksid ja täidaksid maa. Seega, Jumal õnnistas esimest inimest Aadamat, et ta elaks parimas keskkonnas, kus tal ei olnud millestki puudust.

Kuid Jumal keelas ühe asja tegemise. Ta ütles: „*Aga hea ja kurja tundmise puust sa ei tohi süüa, sest päeval, mil sa sellest sööd, pead sa surma surema!*" (1. Moosese raamat 2:17) See tähistab Jumala täielikku suveräänsust ja näitab, et Ta rajas enese ja inimkonna vahele teatud korra.

Pika aja pärast eirasid Aadam ja Eeva Jumala käsku ja sõid mao ahvatlusel puu viljast. Nad tegid pattu ja nende vaim suri patu tagajärjel ning nad muutusid lõpuks lihalikuks ja patuseks.

Nad tuli Eedeni aiast välja ajada ja nad elasid maa peal, keset igasuguseid kannatusi nagu haigused, pisarad, kurbus ja valu ja surid kui nende eluõhk sai otsa, nii nagu Jumal oli öelnud: „Te surete kindlasti."

Kas Aadam ja Eeva said päästetud ja kas nad läksid taevasse? Nad olid Jumala käsule sõnakuulmatud ja tegid Tema vastu pattu. Seetõttu vaidlevad mõned inimesed: „Nad ei olnud päästetud, sest nad tegid pattu ja tegid oma teoga kõik neetuks ja panid kõik oma järeltulijad kannatustes elama." Ometi avas armastuse Jumal ka neile päästetee. Nende südamed olid edasi veel puhtamad ja tasasemad Jumala suhtes, isegi pärast nende patu tegemist, mis on tugevas kontrastis tänapäeva inimestega, kelle südamed on igasuguste pattude ja selle halva maailma kurjusega määritud. Aadam pidi oma patu tulemusel palehigis rügama, see oli väga erinev ajast, mil ta elas Eedeni aias ja Eeva pidi kannatama suuremat valu lastesünnitamise tõttu kui ta tegi Eedeni aias. Mõlemad nägid samuti ise pealt, kuidas üks nende poegadest tappis teise.

Aadam ja Eeva hakkasid oma kannatuste ja kogemuste läbi mõistma, kui hinnalised olid Eedeni aias olnud õnnistused ja sealne küllus. Nad tundsid puudust ajast, mil nad elasid Jumala armastuse ja kaitse all. Nad märkasid oma südames, et kõik, mida nad Eedeni aias kogesid, olid Jumala õnnistused ja armastus ja nad parandasid põhjalikult meelt oma sõnakuulmatusest Jumala käsule.

Kuidas võis armastuse Jumal, kes andestab isegi mõrvarile kui ta parandab kogu oma südamest meelt, nende meeleparandust mitte aktsepteerida? Tegelikult loodi nad Jumala enda kätega ja Jumal kasvatas neid oma armuga ja hoolitses nende eest kaua aega. Kuidas võinuks Jumal nad põrgusse saata?

Jumal võttis Aadama ja Eeva meeleparanduse vastu ja viis nad oma armastuses päästeteele. Muidugi, nad pääsesid vaevu ja said Paradiisi. See läks niimoodi, kuna nad hülgasid Jumala armastuse, kuigi Ta armastas neid südamest. Nende sõnakuulmatus ei olnud tühine asi, kuna see valmistas Jumalale suurt südamevalu ja tõi järgnevatele sugupõlvedele surma ja valu.

Oletagem, et on üks imik, kes ei kasva isegi siis kui kaua aega möödub. Kui imik kasvab hästi, on tema emal ja isal hea meel.

Aga kui imik sööb väga hästi, aga ei kasva, muutuvad tema vanemad iga päevaga üha ärevamaks ja murelikumaks.

Samamoodi, kui te võtate Püha Vaimu vastu ja saate sinepiivakese suuruse usu, peate te püüdma oma usku suurendada Jumala Sõna õppimise ja sellele kuuletumise teel. Ainult siis saate te, mida iganes te palute Isanda nimel, Jumalale au anda ja taevariigi suunas liikuda.

Ma palun meie Isanda nimel, et te ei oleks rahul tõsiasjaga, et te olete päästetud ja olete saanud Püha Vaimu, vaid et te püüaksite liikuda suurema usumõõdu suunas ja kogeda Jumala armastatud laste õigust ja õnnistusi!

5. peatükk

Usk püüda sõnakuulelikult elada

1
Teine usutase

2
Kõige raskem usuelu staadium

3
Iisraeli rahva usk väljarändamise ajal

4
Juhul kui sa ei usu ja ei kuuletu

5
Ebaküpsed ja küpsed kristlased

Niisiis, tahtes teha head, leian seaduse,
et mul on kalduvus teha kurja.
Sisemise inimese poolest
ma rõõmustan Jumala Seaduse üle,
oma liikmetes näen aga teist seadust,
mis sõdib vastu minu mõistuse seadusele
ja aheldab mind patu seadusega,
mis on mu liikmetes.
Oh mind õnnetut inimest!
Kes ostab mu lahti sellest surma ihust?
Aga tänu olgu Jumalale meie Isanda Jeesuse Kristuse läbi!
Niisiis,
ma teenin mõistusega küll Jumala Seadust,
kuid oma loomusega patu seadust.
(Roomlastele 7:21-25)

Kui te alustate oma elu Kristuses ja saate Püha Vaimu, muutute te kirglikuks ja tuliseks oma usuelus ja täitute päästerõõmuga. Te püüate Jumala Sõnale kuuletuda kui te Jumalat ja taevast tundma hakkate. Püha Vaim aitab teil tõde mõista ja tõeteed järgida. Kui te ei kuuletu Jumala Sõnale, tunnete te end armetult, sest Püha Vaim teie sees oigab ja te taipate lõpuks, mis on patt.

Sedamoodi, isegi kui teil on alguses usk, mis laseb teil vaevu pääseda, püüate te oma usus kasvades Jumala Sõna alusel elada. Vaadelgem üksikasjalikult, kuidas selles staadiumis usuelu elada.

1. Teine usutase

Kui te saate Jeesusesse Kristusesse usu läbi päästetud ja olete esimesel usutasemel, võite te teha patte teadmatusest, sest teil on üksnes piiratud teadmised Jumala Sõna kohta. Sama kehtib imiku kohta, kes ei tunne häbi isegi siis kui ta on alasti.

Ometi kui te kuulete Jumala Sõna ja tunnete vaimselt, et Sõnas on elu, tahate te Sõna innukalt kuulata ja Jumalat paluda. Kui te näete ustavaid koguduse töötegijaid, soovite ka teie Kristusele ustavalt elada.

Sellest tulenevalt ja järkjärgult te pöördute ära maailmalikest eluviisidest, käite koguduses ja püüate kuulata Jumala Sõna.

Kunagi oli teil hea meel ilmalike sõpradega seltsimisest, kuid nüüd tahate te järgida vaimseid õpetusi ja vaimset osadust, kuna teie süda otsib Vaimu.

Teisel usutasemel õpite te Jumala lapsena head kristlase elu elama jutlustaja sõnumi ja teiste kristlastest vendade-õdede tunnistuste kaudu.

Loomulikult te õpite kristlasena elama. Te pühitsete Isanda päeva ja toote kogu kümnise Jumala kotta. Te õpite alati rõõmustama, pidevalt palves püsima ja alati tänulik olema. Te õpite oma ligimesi armastama samapalju kui te armastate oma ihu ja isegi oma vaenlasi armastama. Samuti öeldakse teile, et te ei peaks vaid eemale heitma igasugust kurja nagu vihkamine, kadedus, kohtumõistmine või laim, vaid ka järgima Isanda südant. Sel hetkel te otsustate Sõna järgi elada.

2. Kõige raskem usuelu staadium

Sedaviisi teete te Sõna täitmiseks kõikvõimaliku, kuna te teate tõde. Kuid samal ajal tunnete te end koormatult, kuna Sõna järgi ei ole alati lihtne elada. Teie tegu näib teie tahtega konfliktis olevat.

Paljudel juhtudel te ei saa Sõna alusel elada, kuna teile ei ole veel antud Jumala Sõna järgimiseks piisavat vaimutugevust. Mõned inimesed võivad isegi ohata ja kurta, öeldes: „Ma soovin, et ma ei oleks kogudusest midagi teada saanud."

Laske mul seda näite alusel selgitada. Te tahate igal pühapäeval Isanda päeva pühitseda, kuid vahel teil ei pruugi see õnnestuda mingite kokkusaamiste või kohtumiste tõttu. Vahel te käite pühapäevahommikusel teenistusel, kuid jätate pühapäeva õhtusele koosolekule minemata. Vahel lähete te oma sõbra või sugulase pulma, pühapäevasest ülistuskoosolekust osa võtmata. Te teata ka, et te peaksite Jumalale kogu kümnise andma, kuid vahel te ei pea toda korraldust. Teisel korral leiate te end teiste vastu vihkamist täis olevat, isegi kui te püüate mitte vihata. Vastassoo veetlevat liiget nähes elavdub teis iha, kuna teie südames püsib ikka patu ja kurja alge (Matteuse 5:28).

Samamoodi, kui te olete teisel usutasemel, püüate te anda parimat Jumala Sõna järgi tegemiseks, isegi kui teile ei ole antud jõudu sellele täielikuks kuuletumiseks. Sellest hoolimata annate te endast parima, et saada lahti pattudest nagu teiste üle kohtumõistmine, kadedus, armukadedus, abielurikkumine ja kõik sarnane, mis läheb Sõna vastu.

Mitte alati Sõnale kuuletuv

Roomlastele 7:21-23 arutleb apostel Paulus üksikasjalikult, miks teine usutase on usuelu kõige raskem staadium:

> *Niisiis, tahtes teha head, leian seaduse, et mul on kalduvus teha kurja. Sisemise inimese poolest ma rõõmustan Jumala Seaduse üle, oma liikmetes näen aga teist seadust, mis sõdib vastu minu mõistuse seadusele ja aheldab mind patu seadusega, mis on mu liikmetes.*

Mõned kristlased ahastavad, kuna nad tunnevad Sõna, kuid ei täida ikkagi Jumala käske. Vaimsete juhtide kohus on juhatada neid targalt tõeteele.

Ütleme, et on mees, kes ei suuda lakata suitsetamast ega joomast. Kui teda noomida, öeldes: „Kui sa suitsetamist või joomist jätkad, on Jumal sinu peale pahane," on tal kõhklusi koguduses käimisel ja lõpuks ta jätab Jumala. Te ergutage teda parem ja öelge talle: „Sa võid suitsetamisest ja joomisest lihtsalt lahti saada, sest Jumal aitab sind. Kui su usk kasvab, on neid asju lihtne maha jätta. Niisiis, palun palveta pidevalt ja usu Jumalasse." Sel juhul ei peaks te juhatama teda karistuse tõttu süü- ja hirmutundega Jumala ette tulema. Selle asemel te peaksite juhatama teda rõõmu ja tänuga Jumala ette tulema, tundes armastuse Jumalat ja olles Tema peale kindel.

Teine näide, oletame, et keegi mees käib vaid pühapäevahommikustel teenistustel, kuid avab oma poe pärastlõunal. Mida talle öelda? Te parem juhatage teda ja manitsege teda õrnalt, öeldes: „Jumalal on hea meel kui sa pead Isanda päeva täielikult. Kui te pühitsete Isanda päeva ja palute Tema õnnistusi, näete te kindlasti, et Jumal õnnistab teid veel rohkem kui te suudaksite teenida Isanda päeval oma poodi lahti hoides."

Sellest hoolimata ei tähenda, et see oleks õige kui kellegi usu mõõt jääks muutumatuks ja ei kasvaks. Nii nagu me täheldame lapse arengut, kes ilma õige ja ajakohase kasvuta haigestub, on puudega või sureb, nõrgeneb niisuguse inimese usk aja jooksul ja ta jääb pääsemise teest väga kaugele. Kui haletsusväärne kui ta isegi ei pääse!

Jeesus räägib meile Johannese ilmutuse 3:15-16: *„Ma tean su tegusid, et sa ei ole külm ega kuum. Oh oleksid sa ometi külm või kuum! Aga nüüd, et sa oled leige ja mitte külm ega kuum, sülitan ma su välja oma suust."* Jumal noomib ja teatab meile, et me ei saa leige usuga päästetud. Kui te usk on külm, suudab Jumal teid meeleparandusele ja pääsemisele viia, lastes läbikatsumustel teie ellu tulla. Aga kui teil on siis ikka leige usk, ei ole teil lihtne end leida ja pattudest meelt parandada.

3. Iisraeli rahva usk väljarändamise ajal

Kui teil ei õnnestu Jumala Sõna alusel elada, on teil kalduvus kurta või oma raskuste üle nuriseda, selle asemel, et need usu ja rõõmuga võita. Sellest hoolimata sallib armastuse Jumal teid ja julgustab teid pidevalt tões elama ja sellesse jääma.

Vaatame näidet. Iisraellased olid umbes 400 aastat Egiptuses vangistuses. Nad läksid sinna Moosese juhatusel ja nägid palju kordi Jumala vägevaid tegusid kui nad rändasid Kaananimaa poole.

Nad nägid, kuidas kümme nuhtlust vaevasid Egiptust, kuidas Punase mere vesi läks kaheks ja Maara mõru vesi muutus magusaks joogiveeks. Nad sõid samuti taevast alla tulevat mannat ja vutte kui nad Siinai kõrbest läbi läksid. Nad nägid Jumala imelise väe tegusid niisugusel moel.

Kuid nad kurtsid ja nurisesid, selle asemel et raskusi kohates usus palvetada. Sellest hoolimata oli armastuseküllane Jumal nende vastu halastaja ja juhatas neid päeval ja ööl kuni nad jõudsid Tõotatud maale.

Nurisev ja vimmapidav rahvas

Miks iisraellased nurisesid ja kaeblesid iga kord kui nende ees seisid läbikatsumised ja raskused? See ei juhtunud nii mitte olukorra, vaid nende usu tõttu. Kui neil oleks olnud tõene usk, oleksid nad oma südames tundnud rõõmu Kaananist, Tõotatud maast isegi siis kui nad olid tegelikult tühermaal.

Teiste sõnadega, kui nad oleksid uskunud, et Jumal viib nad tõesti Kaananimaale, oleksid nad sinna jõudnud igasuguseid raskusi võites, tundmata meelehärmi ega vaeva ja hoolimata kõrbes ette tulnud raskustest.

Sõltuvalt sellest, missugune on inimeste usk ja suhtumine, võivad nende reaktsioonid erineda isegi samasugustes keskkondades või oludes. Mõned on raskustes ängistatud, teised võtavad raskusi kohusetundlikult ja on veel neid, kes leiavad Jumala tahte keset neid raskusi ja kuuletuvad sellele rõõmu ja tänuga.

Kuidas elada Kristuses tänust tulvil ja kaeblemata? Ma illustreeriksin seda näite varal. Oletagem, et te elate Seoulis ja teil on suured rahalised raskused.

Ühel päeval tuleb keegi teie juurde ja ütleb: „Pusani rannas, umbes 266 miili Seoulist kagus on jalgpallisuurune teemanditükk maha maetud. Kui sa selle leiad, on see sinu. Sa võid randa jalgsi minna või joosta, kuid sul ei ole sinna saamiseks lubatud auto, bussi, rongi ega lennukiga sõita."

Kuidas te reageeriksite? Te ei ütle kunagi: „Hästi. Teemant on nüüd minu oma, sest ta andis selle mulle, nii et ma lähen sellele järgmisel aastal järele" ega „Ma lähen sinna järgmisel kuul, sest hetkel on mul väga kiire." Te hakkate kindlasti kohe jooksma kui te uudiseid kuulete.

Kui inimesed kuulevad samu uudiseid, jookseb neist enamik Pusani suunas ja nad valivad lühima tee, et väärtusliku teemandini võimalikult kiiresti jõuda. Keegi ei anna alla teel Pusanisse, hoolimata sellest, et neil jalad valutavad või nad on kurnatud. Selle asemel te sprindite, et väärtusliku teemandini jõuda, te tunnete tänu ja rõõmu ja ei kurda jalavalu üle.

Samamoodi, kui teil on kindel lootus igavesele ilusale taevariigile ja vankumatu usk, võite te igasugustes tingimustes usu võidujooksu nurinata joosta, kuniks te jõuate taevasse.

Sõnakuulelik rahvas

Kui te kuuletute Jumala Sõnale, ei tunne te oma kristlikus elus meelehärmi ega pea seda koormavaks, vaid teil on hea meel ja te rõõmustate. Kui te tunnete oma usuelus rahutust, annab see tunnistust sellest, et te ei kuuletu Jumala Sõnale ja olete Tema tahte vastaselt eksiteele läinud.

Siin on tähendamissõna. Vanasti kasutati vankrite vedamiseks hobuseid. Hobuseid piitsutati sageli, kuigi nad tegid oma peremehe jaoks tööd. Neile ei olnud vaja piitsa anda kui nad peremehe sõna kuulasid, aga kui nad hakkasid omatahtsi minema ja ei kuuletunud oma peremehele, said nad tugevasti piitsa.

Samamoodi on inimestega, kes ei kuuletu Jumala Sõnale. Sellistel inimestel on nende oma teed ja nad panevad Isanda õigama. Aeg-ajalt nad saavad piitsa. Vastupidi, inimesed, kes kuuletuvad Jumala Sõnale, ütlevad: „Jumal, räägi mulle. Ma järgin üksnes Sind" ja elavad rahulikult ja lihtsalt.

Näiteks Jumal käseb meid: „Ära varasta." Kui te täidate seda käsku, on teil rahu. Aga kui te sellele ei kuuletu, tunnete te rahutust, sest te soovite varastada. Jumala lapse jaoks on väga loomulik saada lahti sellest, millest iganes Jumal tal vabaneda käsib. Vastasel juhul tunneb ta oma südames meelehärmi.

Sellepärast ütleb Jeesus Matteuse 7:13-14: „*Minge sisse kitsast väravast, sest lai on värav ja avar on tee, mis viib hukatusse, ja palju on neid, kes astuvad sealt sisse! Kuid kitsas on värav ja ahtake on tee, mis viib ellu, ja pisut on neid, kes selle leiavad.*"

Usus alustajad leiavad, et Jumala Sõnale kuuletumine on raske ja vaevanõudev, nagu püüe minna sisse kitsast väravast. Kuid järkjärgult nad saavad aru, et see on tee taevasse ja tõeline ning õnnelik tee.

4. Juhul kui sa ei usu ja ei kuuletu

Te olete tõenäoliselt paljudel kordadel kuulnud neid salme 1. Tessalooniklastele 5: „*Rõõmustage alati, palvetage lakkamatult, tänage kõige eest – sest see on, mida Jumal teilt tahab Jeesuses Kristuses*" (16.-18. salmid).

Kas te rõõm kaob, kui teile midagi kurba juhtub? Kas teie kulm tõmbub kortsu, kui keegi teile probleeme valmistab? Kas te muutute ärevaks ja muretsete kui te olete rahalistes raskustes või keegi kiusab teid taga?

Mõned võivad arvata, et rõõm ja tänulikkus ka rasketel aegadel on silmakirjalik. Nad võivad küsida: „Miks ma peaksin tänulik olema, kui ei ole midagi, mille eest tänulik olla?" Nad teavad ka, et nad peaksid kannatlikud olema, kuid muutuvad talumatutes olukordades ärritunuks või keevavereliseks.

Nad rikuvad oma südames abielu kui nad vaatavad veetlevat

naist, sest nad ei ole oma südames veel himust lahti saanud. Sellised asjad tõendavad, et niisugused inimesed ei ole oma pattudest veel nende vastu võideldes vabanenud ja ei kuuletu Sõnale.

Te ei kuule Püha Vaimu häält

Kui te tunnete Jumala Sõna palju, kuid ei kuuletu sellele, ei saa te Püha Vaimu häält kuulda ja Ta ei saa teid juhatada, sest te olete Jumala ja enese vahele patumüüri ehitanud. Kuid isegi usus algaja võib Ta häält kuulda ja Püha Vaim saab teda juhatada kui ta kuuletub jätkuvalt Jumala Sõnale. Nii nagu väikesel lapsel ei ole mingit muret kui ta oma vanemate sõna kuulab, on Jumalal teist hea meel ja Ta juhatab teid kui te isegi väikese usuga olles Temale jätkuvalt sõnakuulelik olete.

Siin on näide. Vanemad hoolitsevad oma väikese lapse eest igati. Kuid nad ei pea tema eest enam nii palju hoolitsema kui ta kasvab ja suudab ise käia ja ise süüa. Nad ei pea teda enam väikelapsena kohtlema kui ta saab nii vanaks, et minna algkooli. Aga vanemad tunnevad valu ja meelehärmi, kui laps ei kanna oma kingi õigesti ega suuda teha asju, mida ta iseseisvalt tegema peaks.

Samamoodi, kui te olete piisavalt kaua kristlasena elanud, et olla oma koguduses juht või töötegija, peaksite te Jumala Sõnale kuuletuma. Kui te kuulate Tema Sõna, aga elate edasi kristlase elu, mis sarnaneb väikelapse omale ja ehitate patumüüre Jumala ja enese vahele edasi, tabab teid Tema läbikatsumine.

Sellisel juhul te ei suuda Jumalalt vastused saada, isegi kui te Teda palute. Te ei saa oma elus head vilja kanda ja Jumala kaitse all olla. Te ei edene, vaid te olete hoopis raskustes. Te peate elama rasket ja väsitavat elu, mis on täis ängistust ja muret.

Te ei saa Jumalalt vastuseid ja ei ole Tema kaitse all

Kui te olete teisel usutasemel, teate te hästi, mis on patt ja seda, et te peaksite kogu kurjusest ja ebatõest eneses vabanema. Kui te ei ole neist vabanenud, aga need on teil ikka mõttes, siis kuidas võite te tulla häbitundeta püha Jumala ette, kes on valgus ise? Teie vaenlane saatan ja kurat lähenevad teile ja panevad teid Jumalas kahtlema ja peibutavad teid lõpuks maailma naasma.

Mu koguduses oli vanem, kes püüdis paljudes ärides vilja kanda ja kes küsis endalt: „Mida ma saaksin oma karjase heaks teha?"

Aga ta ei olnud väga edukas, sest ta oli füüsiliselt ustav, aga tema süda oli ümberlõikamata, kuid see on kõige olulisem. Ta häbistas Jumalat, kuna ta ei käinud õiget teed pidi, sest tema lihalik mõtlemine ja tema süda taotlesid sageli omakasu. Ta tegi ka valesid märkusi, vihastus teiste inimeste peale ja oli paljus Jumala Sõnale sõnakuulmatu.

Peale selle, kui tema rahalised ja inimestevahelised probleemid ei oleks püsinud, ei oleks ta usust kinni hoidnud, vaid oleks seda ebaõiglusega kompromiteerinud. Lõpuks oleks ta oma usus taandumise tõttu kaotanud kõik seniajani väljateenitud autasud, kui Jumal poleks ta hinge parimal ajal ära kutsunud.

Seega te peate aru saama, et kõige olulisem ei ole füüsiline ustavus ega kogudusest saadud aunimetused, vaid Jumala Sõna alusel elades pattudest vabanemine.

5. Ebaküpsed ja küpsed kristlased

Kui te olete esimesel usutasemel, ei tunne te muret ega kuule Püha Vaimu oigeid isegi pattu tehes. See on nii, kuna te ei oska veel tõde ebatõest eraldada ja ei saa aru, et te teete pattu isegi siis kui te seda tegelikult teete. Jumal ei süüdista teid sama tugevalt kui te patustate, sest te ei suuda Jumala Sõna vähese tundmise tõttu tõde valest eristada.

Samamoodi ei süüdistata väikelast isegi siis kui ta ajab veekruusi ümber või teeb põrandal roomates peenest portselanist asja katki. Selle asemel ei süüdista vanemad ega pereliikmed imikut, vaid oma hooletust.

Aga kui te jõuate teisele usutasemele, hakkate te kuulma, kuidas Püha Vaim teie sees oigab ja kui te pattu teete, hakkate te ahastust tundma. Te ei mõista ikka veel kogu Jumala Sõna, sest te olete vaimus otsekui väikelaps ja teil ei ole lihtne Sõnale iseenesest kuuletuda. Seetõttu kutsutakse esimesel ja teisel usutasemel olijaid „piimatoidul olevateks kristlasteks."

Piimatoidul olevad kristlased

Apostel Paulus kirjutas 1. Korintlastele 3:1-3 järgnevat:

> *Ka mina, vennad, ei võinud rääkida teile kui vaimsetele, vaid pidin rääkima kui lihalikele, nagu väetitele lastele Kristuses. Ma jootsin teile piima ega andnud tahket rooga, sest seda te ei oleks veel talunud. Kuid ega te nüüdki veel talu, sest et olete ju alles lihalikud. Kui teie seas on kiivust ja riidu – eks*

te siis ole lihalikud ja eks te käitu inimlikult?

Kui te võtate Jeesuse Kristuse vastu, saate te õiguse olla Jumala laps ja teie nimi pannakse kirja taevases Eluraamatus. Kuid teid koheldakse väikelapsena Kristuses, kuna Jumala kadumaläinud kuju ei ole teis veel täielikult taastunud.

Sel põhjusel tuleb esimesel ja teisel usutasemel olijate eest hästi hoolt kanda. Neile tuleb õpetada Jumala Sõna ja julgustada neid selle alusel elama, nii nagu väikelast toidetakse piimaga.

Selletõttu kutsutakse esimesel ja teisel usutasemel olijaid „piimatoidul olevateks kristlasteks." Kui nende usk kasvab ja nad hakkavad ise Jumala Sõna mõistma ja sellele kuuletuma, kutsutakse neid „tahkel toidul olevateks kristlasteks."

Seega, kui te olete piimatoiduline kristlane – esimesel või teisel usutasemel – peaksite te endist parimat andma, et teist saaks tahkel toidul olev kristlane. Kuid teil tuleb meeles pidada, et te ei saa jõuga piimatoidul olevast kristlasest tahkel toidul olevaks kristlaseks. Nii tehes tekivad teil seedehäired, samamoodi nagu imik saab seedehäired kui talle tahket toitu anda.

Seega te peaksite olema tark kui te kannate hoolt oma abikaasa, lapse või kellegi teise väikese usuga isiku eest. Te peate end esiteks nende kingadesse panema ja laskma neil usus kasvada, õpetades neile elava Jumala kohta, selle asemel, et neid nende jonnaka südame või sõnakuulmatuse tegude tulemuseks oleva usu vähesuse eest süüdistada või manitseda

Jumal ei karista esimesel ega teisel usutasemel olijaid, isegi kui nad ei pühitse Isanda päeva ega ela täielikult Sõna kohaselt. Selle asemel saab Ta nende olukorrast aru ja juhatab neid armastusega. Samamoodi peaksime meie suutma oma ja samuti ka teiste usumõõtu eristada ja mõtelda targasti, vastavalt usumõõdule.

Tahket toitu söövad kristlased

Kui te püüate head kristlikku elu elada isegi siis kui te olete esimesel või teisel usutasemel, kaitseb Jumal teid paljude probleemide ja katsumuste eest. Sellest hoolimata ei peaks te oma usku edaspidi täiustamata teisele usumõõdu tasemele pidama jääma. Nii nagu vanemad on murelikud kui nende lapsed ei kasva hästi ja õigesti, ent neil on igati heameel kui nende lapsed kasvavad hästi, peab ka Jumala laps oma usus Sõna ja palve kaudu kirglikult kasvama.

Seega, üheltpoolt, Jumal lubab kõige sobivamal ajal teie ellu raskusi, et Ta võiks teid kolmandale usutasemele viia. Ta õnnistab teid mitte üksnes teie usu kasvuga, vaid ka palju muuga. Mida suuremad raskused te võidate, seda suuremad hakkavad olema Jumala õnnistused.

Teisalt, kui te peaksite olema kolmandal usutasemel, aga elate elu, mida eeldatakse esimel või teisel usutasemel olijalt, toob Jumal teile õnnistuste asemel karistuseks katsumused teie läbikatsumiseks.

Oletame, et on üks laps, kelle toidus on puudu tasakaalus olevatest toiteainetest, sest ta tahab juua vaid piima ja ei tarbi muid rammusaid toiduaineid. Kui ta nõuab vaid piima, võib ta haigestuda alatoitumusse või isegi surra. Sellises olukorras tahavad vanemad anda loomulikult endist parimat, et oma last toiteainete rohke toiduga sööta.

Samamoodi, kui Jumala lapsed tunnevad Tema Sõna, aga lähevad surma teed ja ei kuuletu Sõnale, lubab Jumal, kes tahab oma Poja Jeesuse Kristuse kaudu omale tõelisi lapsi, neile katsumusi, mis toovad murtud südame ja saatana süüdistused.

Jumal kohtleb oma lapsi järgnevalt: *„Sest keda Isand armastab, seda Ta karistab, Ta piitsutab iga poega, kelle Ta vastu võtab." Kannatused on teile kasvatuseks: Jumal kohtleb teid nagu poegi, sest mis poeg see on, keda isa ei kasvata?"* (Heebrealastele 12:6-7)

Kui Jumala laps tegi pattu, aga Ta ei karista teda, tunnistab see, et see isik on Jumala armastusest väga kaugel. Kõige suurem tragöödia oleks tema jaoks põrgusseminek, sest Jumal ei võta teda enam Oma pojana.

Seega, kui Jumala karistavad katsumused tabavad teid, kui te pattu teete, tuleb teil meeles pidada, et see on Tema armastuse tõendus ja oma pattudest põhjalikult meelt parandada. Vastupidiselt, kui Jumal ei karista teid, isegi kui te pattu tegite, siis te peaksite mitte alla andma ja püüdma oma pattudest meelt parandada ja need andeks saada.

Teie patud antakse teile andeks kui te lihtsalt ei paranda neist oma suu sõnadega meelt, vaid ka pöördute oma pattude teelt. Tõeline meeleparandus pisaratega ei sünni mitte teie endi tahtest, vaid Jumala armust. Seega, te peate siiralt Jumalalt paluma, et Ta annaks teile armust meeleparandust pisaratega. Kui Tema arm tuleb teie üle, siis te parandate meelt pisaratega ja teie silmad on vees ning südantlõhestav meeleparandus tuleb esile.

Üksnes siis hävib Jumala vastane patumüür ja te süda muutub värskeks ja kergeks. Te saate täis Püha Vaimu ja ülevoolavat rõõmu ja tänu ning see on tõendiks, et Jumala armastus teis on taastunud.

Kui te peaksite olema kolmandal usutasemel, aga käitute ja elate viisidel, mis on kohased teisel usutasemel olijaile, on teile veidi raske anda kõigi teie probleemide lahenduseks usku, mis tuleb ülevalt. Kui Jumalalt tulev usk ei tule teie üle, ei ole teie usuga võimalik teie haigustest terveks saada ja te võite lõpetada maailma meetodeid usaldades. Aga kui te parandate oma pattudest südamest pisaratega meelt ja pöördute patuteelt, taastub peagi teie kolmas usutase.

Kui te olete sellest usu kasvu põhimõttest aru saanud, ei tohiks te oma praeguse usutasemega rahul olla. Nii nagu laps kasvab, et minna algkooli, siis põhikooli, keskkooli, kolledžisse ja sealt edasi, peate teie andma parima oma usu kasvatamiseks, kuni te jõuate kõige kõrgemale usutasemele.

Kui te olete teisel usutasemel, kasvab teie usk varsti Püha Vaimuga täitumise teel, kuna teie usk on teisse juba istutatud, isegi siis kui see on sama suur nagu sinepiivake ja on teis juba idanema hakanud. Teiste sõnadega, teie usk kasvab piisavalt, et kuuletuda Jumala Sõnale kui te relvastute Tema Sõnaga, kuulate Sõna innukalt, osalete igal ülistuskoosolekul ja palvetate lakkamata.

Ma palun meie Isanda nimel, et te ei talletaks Jumala Sõna üksnes pelga tarkusena, vaid kuuletuksite sellele ka verevalamiseni ja saaksite suurema usu!

6. peatükk

Usk Sõna järgi elamiseks

1
Kolmas usutase
2
Usukaljule jõudmine
3
Patu vastu võitlus verevalamiseni

*Igaüks nüüd, kes neid mu sõnu kuuleb
ja nende järgi teeb,
sarnaneb aruka mehega,
kes ehitas oma maja kaljule.
Ja sadas paduvihma ja tulid veevood
ja puhusid tuuled ning sööstsid vastu seda maja,
aga see ei varisenud,
sest see oli rajatud kaljule.*
(Matteuse 7:24-25)

Erinevatel inimestel on eri usu mõõt. Usk on Jumala käest saadud and, mis on inimsüdames tõeni jõudmise määraga vastavuses. Kui teie teadmistepõhine usk muutub Jumalalt tulnud usuks, võite te Temalt vastused saada.

Nii nagu ma mainisin eelmistes peatükkides, kui te olete niinimetatud esimesel usutasemel pääsemiseks, saate te Püha Vaimu ja teie nimi pannakse taevasesse Eluraamatusse kirja. Siis hakkab moodustuma teie osadus Jumalaga ja te kutsute Teda „mu Isa Jumal."

Järgmiseks teie usk kasvab ja teile meeldib kuulata Pühast Vaimust tulvil Jumala Sõna ja te püüate sellele kuuletuda, nii nagu teile on öeldud. Kuid te ei täida kogu Tema Sõna. Te tunnete, et Jumala Sõna on koormav ja te ei saa iga palvevastust. Selles staadiumis öeldakse, et te olete teisel usutasemel.

Kuidas jõuda järgmisele – kolmandale – usutasemele, kus te võite Sõna alusel elada? Missugust kristlase elu elada kolmandal usutasemel?

1. Kolmas usutase

Kui inimene võtab Isanda vastu ja saab Püha Vaimu, istutatakse tema südamesse ususeeme, mis on sinepiiva suurune. Kui ususeeme tärkab, jõuab see usutasemele, kus te püüate kuuletuda

Sõnale ja liigub siis kõrgemale tasemele, kus te täidate seda.

Esiteks ei kuuletu te palju Sõnale, isegi kui te seda kuulate, aga usu kasvades saate te sellest põhjalikumalt aru ja kuuletute sellele rohkem. Sel põhjusel kutsutakse „kuulekuse usku" „arusaamise usuks."

Sõna mõistmine erineb Sõna teadmisena talletamisest. See tähendab, et püüd Sõna jõuga täita selletõttu, et te teate, et Piibel on Jumala Sõna, erineb üsna palju Sõnale tahtlikult ja valmilt kuuletumisest, sest te mõistate, miks te sellele sõnakuulelik olema peaksite.

Sõnakuulelikkus arusaamise alusel

Toon teile näite. Oletame, et te kuulasite järgmist kuulutatud sõnumit: „Kui te pühitsete Isanda päeva ja toote kogu kümnise ohvriks, hoiab Jumal kõik probleemid ja katsumused teist eemale. Ta tervendab teid kõigist haigustest. Ta õnnistab teie hinge ja annab teile rahalisi õnnistusi."

Kui te arvate, et te tunnete Sõna pärast seda kui te olete sõnumit kuulnud, aga ei mõista seda oma südames, ei kuuletu te alati oma igapäevaelus Sõnale. Te võita püüda Sõna täita, mõteldes: „Jah, see tundub õige asi olevat" ja vahel käsu järgi teha, kuid muul ajal sellele kuuletumata, sõltuvalt oma olukorrast. See tsükkel võib korduda, kuni te saate täieliku usu Sõnasse.

Aga kui te olete Sõnast aru saanud ja seda oma südames usute, te peate Isanda päeva pühaks, toote kogu kümnise ja ei lähe ka rasketes oludes kompromissile.

Näiteks, oletame, et ettevõtte juht ütles kõigile töötajaile:

„Kui keegi teist töötab täna öö läbi, siis ma maksan teist igaühele lisatasu ja edendan teid karjääriredelil." Kui üleajatöö tegemise otsus on iga töötaja teha, siis mida töötajad teevad kui nad usaldavad ettevõtte juhi lubadust? Nad töötavad kindlasti kogu öö läbi, kui neil just pole mingit erilist põhjust teisiti teha. Üldiselt kulub mingis ettevõttes karjääri tegemiseks aastaid ja karjäärieksami läbimiseks on vaja palju vaeva näha. Kõike seda arvestades ei kõhele ükski selle ettevõtte töötaja öö otsa, kuu aega või isegi kauem ületunnitööd tegemast.

Sama on tõene Isanda käsu kohta, pühitseda Isanda päeva ja tuua kümnis. Kui te usaldate täielikult Jumala lubadust Isanda päeva pühitsemise ja kogu kümnise andmise kohta, mida te siis teete?

Sõnakuulelikkus toob õnnistuse

Kui te pühitsete Isanda päeva, tunnistate te Jumala ülimuslikkust. Te tunnete, et Jumal on vaimusfääri valitseja. Sellepärast kaitseb Jumal teid igasuguste katastroofide ja õnnetuste eest nädala jooksul ja õnnistab teid, et teie hingel läheb hästi, kui te pühitsete Isanda päeva. Te möönate ka Jumala ülimuslikkust kui te toote kümnise, kuna te tunnistate, et kõik asjad taevas ja maa peal kuuluvad Jumalale.

Kuna Jumal on kõige Looja, tuleb Jumalalt elu ja jõud, millega te pingutate ja endast parimat annate, tuleb samuti Tema käest. Teiste sõnadega, kõik kuulub Jumalale. Põhimõtteliselt kuulub kogu sissetulek Jumalale, aga Ta laseb teil Endale vaid kümnendiku sellest anda ja ülejäänut ise kasutada.

Malakia 3:8-9 tuletatakse meile meelde: *"Kas inimene tohib Jumalat röövida? Aga teie röövite mind ja ütlete: "Kuidas me Sind röövime?" Kümnise ja tõstelõivuga. Olge needusega neetud, et teie, kogu rahvas, mind röövite!"* Teiseltpoolt olete te neetud kui te teete tõsist pattu ja röövite Jumalalt kümnise. Seevastu kui te annate Jumalale Tema käsku täites kogu kümnise, olete te alati Tema kaitse all ja saate suures koguses õnnistusi, tihedaks vajutatud, raputatud ja kuhjaga mõõt antakse teie rüppe (Luuka 6:38).

Sõnakuulelikkus tuleb õigest arusaamisest

Üksnes siis kui te mõistate Sõna tõelist tähendust ning ei talleta seda üksnes teadmisena, võite te selle alusel teha ja saada õnnistused Jumalalt, kes tasub teile vastavalt tehtule. Kui te ei mõista Sõna tõelist tähendust, siis te ei suuda seda ka täielikult täita, isegi kui te püüate toda teha, sest teil on selle kohta vaid mõistuslikud teadmised ja te peate Sõna mõistuslikuks.

Seepärast te peate püüdma usus kasvada. Kui laps ei saa süüa, ta sureb. Teda tuleb regulaarselt toita, tema käsi ja jalgu liigutada ja ta peab oma vanemaid ja teisi nägema, kuulma ja nende käest õppima. Selle käigus kasvavad imiku teadmised ja ta saab tarkust ning kasvab ja saab hästi ja õigesti täiskasvanuks.

Samamoodi ei pea usklikud üksnes Jumala Sõna kuulama, vaid ka selle tõelist tähendust mõista püüdma. Kui te palvetate, et Jumala Sõna kohaselt teha, suudate te selle tähendust mõista ja saate jõu sellele kuuletumiseks.

Näiteks, Jumal ütleb 1. Tessalooniklastele 5:16-18: *"Rõõmustage alati, palvetage lakkamatult, tänage kõige eest –*

sest see on, mida Jumal teilt tahab Jeesuses Kristuses." Teisel usutasemel olevad inimesed on kohusetundlikud ja palvetavad, tänavad ja on rõõmsad tõenäoliselt, kuna Jumal käseb nii teha. Ometi nad ei täna Teda kui nad ei tunne end tänulikuna ega ole rõõmsad kui nad on silmitsi raskete oludega, sest nad püüavad Sõnale kuuletuda vaid kohusetundest.

Aga kolmandal usutasemel olijad võivad Sõnale kuulekad olla, kuna nad seisavad usukaljul. Nad mõistavad, miks nad peaksid kogu aeg tänulikud olema, miks nad peaksid lakkamatult palvetama ja alati rõõmsad olema. Seega on nad alati rõõmsad ja südamest tänulikud ja palvetavad alati igas olukorras.

Miks siis Jumal käseb meil alati rõõmustada? Mis on selle käsu tõeline mõte? Kui te rõõmustate ainult siis kui teiega juhtub midagi rõõmustavat ja õnnelikku ja ei rõõmusta siis kui teie ees seisavad probleemid või mured, ei ole te parem maailma inimestest, kes ei usu Jumalat.

Need inimesed taotlevad maailma asju, sest nad ei tea, kust inimolendid tulevad ja kuhu nad lähevad. Seega on nad rõõmsad vaid siis kui nende elu on täis meeldivaid ja õnnelikke sündmusi ja põhjuseid. Muus osas on nad masendunud ja muredesse, ärevusse, kurbusse või maailmast tulevasse valusse maetud.

Kuid usklikud võivad niisugustest inimestest väga erinevalt elada, sest neil on taevalootus. Me ei pea usklikena muretsema ega ärevust tundma, sest meie tõeline Isa on Jumal, kes lõi taevad ja maa ja on valitsenud kõiki asju ja inimajalugu. Miks me peaksime muret tundma või kartma? Pealegi, kuna me elame igavesti taevariigis Jeesuse Kristuse läbi, ei ole meil muud valikut kui rõõmustada.

Usk kuuletuda Sõnale

Kui te mõistate Jumala Sõna kogu südamest, te võite rõõmustada ka aegadel kui te ei saaks rõõmus olla ja tänada alati, ka siis kui on raske tänulik olla ja palvetada isegi siis kui te ei suuda end palvetama panna. Vaid siis läheb vaenlane kurat teie juurest eemale, mured ja raskused jätavad teid ja igasugused probleemid leiavad lahenduse, sest kõikväeline Jumal on teiega.

Kui te väidate, et usute Kõikvõimsat Jumalat, kuid muretsete ikkagi või olete vastumeelselt rõõmus kui teil on probleem, olete te teisel usutasemel.

Aga kui te olete teiseks muutunud ja mõistate tõesti Jumala Sõna ning olete südamest rõõmus ja tänulik, olete te kolmandal usutasemel. Kui te olete kolmandal usutasemel, sünnib järgmine: niipalju kui te püüate teisi teenida ja armastada, lahkub teist vihkamine ja teie süda täitub vähehaaval vaimse armastusega, mis paneb teid armastama teie vaenlasi. See on niimoodi, kuna nüüd mõistate te kogu südamest Isanda armastust, kes läks patuste eest robustsele ristile.

Kurjad patused lõid Jeesuse risti, solvasid Teda ja kohtlesid Teda halvasti, kuigi Ta tegi vaid head ja oli süütu. Ta ei vihanud neid, kes Teda risti lõid, solvasid või naeruvääristasid, vaid palus Jumalat, et neile andeks antaks. Lõpuks näitas Ta oma suurt armastust, andes oma elu nende eest.

Võib-olla te vihkasite neid, kes teile põhjuseta haiget tegid või teid laimasid, enne kui te mõistsite oma Isanda Jeesuse suurt armastust. Aga te võite vihata nende pattusid, kuid mitte neid. Peale selle, te ei kadesta neid, kes teevad rohkem tööd või keda kiidetakse teist enam, vaid selle asemel te rõõmustate nende üle ja armastate neid veel enam Kristuses. Võib-olla te kahtlesite Jumala Sõnas või mõistsite selle üle kohut oma mõtetes kui te seda esimest korda kuulsite, aga nüüd võtate te Sõna rõõmuga vastu ja te ei kahtle selles ega mõista selle üle kohut. Kolmandal usutasemel te kuuletute Jumala Sõnale käsk käsu haaval.

Jumala tasu saamiseks on vaja usku, millega kaasnevad teod

Enne Jumalaga kohtumist olin ma seitse aastat igasuguste haigustega ja mind kutsuti „haiguste laoks." Ma pingutasin väga, et terveneda, aga kõik oli asjatu ja mu haigused muutusid iga päev hullemaks. Neid oli näiliselt võimatu ravida arstiteaduse alusel ja ma sain üksnes surma oodata.

Ühel päeval sain ma Jumala väega otsekohe terveks ja mu tervis taastus. Selle imepärase kogemuse kaudu kohtusin ma elava Jumalaga ja sellest ajast saadik olen ma Teda täielikult kõhklusteta usaldanud ja Piibli Sõnast täielikult sõltunud. Ma kuuletusin Jumala Sõnale tingimusteta. Ma olin alati rõõmus, hoolimata raskustest ja ma olin igasugustes probleemsetes olukordades tänulik, sest see oli Jumala käsk Piiblis.

Ma osalesin suure heameelega ülistusteenistustel ja palusin Jumalat pühapäeviti; ma loobusin isegi väga heal töökohal töötamast ja hakkasin töötama ehitusplatsidel, sest ma olin otsustanud Isanda päeva pühitseda.

Sellest hoolimata olin ma väga rõõmus ja tänulik selle eest, et Jumal oli mu Isa. Ta tuli minu juurde kui ma ootasin surma, kuna mul oli palju tõsiseid haigusi ja ma olin väga tänulik Tema uskumatu armu eest. Ma jätkasin palvetamist ja paastumist, et

Jumala Sõna alusel täielikult elada. Siis ühel päeval ma kuulsin Jumala häält, Ta kutsus mind oma sulaseks. Ma otsustasin kuuleka südamega, et minust saab Tema hea sulane ja täna ma teenin Teda pastorina.

Ma tänan oma Isa Jumalat kogu südamest kui ma põlvitan, et Teda paluda, jalutan tänaval või räägin kellegagi. Samamoodi ma olen alati kogu südamest rõõmus. Igaühel on muresid ja probleeme ja kuna ma olen 100000 liikmelise koguduse vanempastor, on mul palju tööd ja kohustusi. Ma pean õpetama ja treenima palju jumalasulaseid ja jutlustajaid, et täita Jumala käest saadud ülesanne ja täita maailmamisjon, juhatades arvukad hinged Isanda juurde. Kurat sepitseb igasuguseid riukaid, et takistada Jumala plaanide täideminekut ja toob igasuguseid raskusi ja katsumusi. Mu üle tulvavad kogu aeg igasuguseid asjad, mille pärast võiks kurta, anuda ja muretseda ja kui ma oleksin lasknud end nendest masendada või oleksin hirmul endast võitu saada lasknud, oleksin ma langeda võinud.

Jah, mure ega ärevus ei ole mind kunagi võitnud ega vallanud, sest ma olen Jumala tahet selgesti mõistnud. Ma tänasin Teda ja palvetasin rõõmuga, hoolimata sellest kui suured mu katsumused ja probleemid olid, seega Jumal pööras alati kõik heaks ja õnnistas mind veel enam.

2. Usukaljule jõudmine

Asjade usuta nägemine, läbi kartuse ja ärevuse prilliklaaside, ohustab vaid teie vaimu ja kahjustab tervist. Kui te mõistate Jumala Sõna vaimset tähendust, kui öeldakse: *„Rõõmustage* *alati, palvetage lakkamatult, tänage kõige eest – sest see on, mida Jumal teilt tahab Jeesuses Kristuses,"* te võite igas olukorras südamest tänulik olla (1. Tessalooniklastele 5:16-18).

See on nii, kuna te usute kindlalt, et see on tee, kuidas Jumalale meelepärane olla, Teda armastada ja Temalt vastused saada. Lisaks on see viis, kuidas lahendada probleemid, saada Tema õnnistused ja ajada välja saatan ja kurat. Oletame, et on üks naine ja tema poja naine, kes ei ole teineteisega rahujalal. Nad teavad, et nad peaksid teineteist armastama ja nende vahel peaks valitsema rahu. Kuid mis sünnib, kui nad teineteist süüdistavad või vimma peavad? Nende kahe vahel ei saaks ühtegi probleemi lahendatud.

Teiselt poolt, kui ämm laimab oma poja naist teistele pereliikmetele ja naabritele ja poja naine räägib ämmast teistele halba, ei lõpe vaidlused ja konfliktid ja kodus ei ole rahu.

Taas, mis nendega juhtub kui nad parandavad oma valedest tegudest meelt, saavad teineteisest aru, panevad end teise kingadesse, andestavad ja armastavad teineteist? Kodus on rahu. Ämm räägib poja naisest head tema juuresviibimise ja eemaloleku ajal ja poja naine omakorda kiidab ja austab oma ämma kogu südamest. Kui rahulik ja armastav suhe neil on! Täpselt niimoodi on ka Jumala armastusega.

Kolmanda usutaseme algstaadium

Põhjus, miks mõned inimesed ei suuda Sõnale kuuletuda isegi siis kui nad teavad, et see on tõde, on selles, et nende südamesse on jäänud palju valet, mis on Jumala tahte vastane ning vale kustutab soovi Püha Vaimu järele. Seega kui te jõuate kolmanda usutaseme algstaadiumi, hakkate te pattude vastu võitlema verevalamiseni (Heebrealastele 12:4).

Pattudest vabanemiseks tuleb seda teha püüda innuka palve ja paastuga nii nagu Jeesus ütles: „*See tõug ei lähe välja millegi muu kui palvega*" (Markuse 9:29). Ainult siis saate te piisavalt jõudu ja armu Jumalalt, et Jumala Sõna järgi elada. Samamoodi, kui te olete kolmandal usutasemel, heidate te endast innukalt ära kõik, mida Jumal ära heita käsib ja teete seda, mida Ta teid teha käsib, nii nagu Piiblis kirjas.

Kas see tähendab, et igaühel, kes pühitseb Isanda päeva ja toob kümniseohvrit, on kolmas usutase? Ei, see pole nii. Mõned käivad pühapäeviti teenistusel ja annavad kümniseohvrit silmakirjaliku suhtumisega – nad võivad niimoodi teha vaid, kuna nad kardavad nende käskude mitte pidamise tõttu tulla võivaid katsumusi ja probleeme või kuna nad tahavad, et jutlustajad ja jumalasulased neist head räägiksid. Kui te ülistate Jumalat Vaimus ja tões, maitseb Tema Sõna magusamana kui mesi.

Aga kui te osalete ülistuskoosolekutel tõrksa meelega, on teil sõnumit kuulates tõenäoliselt igav ja te mõtlete omaette: „Kui see teenistus ometi varsti lõpeks..." See on niimoodi, sest isegi kui teie ihu on Jumala pühamu, on teie süda mujale suunatud.

Kui te osalete ülistusteenistusel, kuid lasete oma südamel heljuda maailma suunaliselt, ei saa teid Isanda päeva pühitsenuks pidada, sest Jumal uurib ülistajate südamed läbi. Sel juhul olete te ikka veel teisel usutasemel, isegi kui te annate kogu kümnise.

Usu mõõt erineb isikuti, isegi kui nad võivad samal usutasemel olla. Kui iga usutaseme täiuslik mõõt on 100%, tõuseb teie usk järkjärgult 1% mõõdu pealt 10%, 20%, 50%

peale ja nii edasi, kuni te jõuate 100% peale igal usutasemel. Kui teie usk tõuseb 100% peale, liigute te järgmisele usutasemele.

Näiteks, oletame, et me jaotame teise usutaseme mõõdu 1% pealt 100% peale. Kui teie usk jõuab 100% tasemele teisel usutasemel, lähete te kolmandale usutasemele. Samamoodi, kui teie usk tõuseb kolmanda usutaseme 100% mõõduni, olete te neljandal usutasemel. Seega te peaksite suutma uurida, missugusel usutasemel te hetkel olete ja kui palju te sellest tasemest olete juba saavutanud.

Usukalju

Kui teie usk jõuab rohkem kui 60% peale kolmandal usutasemel, siis öeldakse, et te seisate usukaljul. Matteuse 7:24-25 ütleb Jeesus: *„Igaüks nüüd, kes neid mu sõnu kuuleb ja nende järgi teeb, sarnaneb aruka mehega, kes ehitas oma maja kaljule. Ja sadas paduvihma ja tulid veevood ja puhusid tuuled ning sööstsid vastu seda maja, aga see ei varisenud, sest see oli rajatud kaljule."*

„Kalju" viitab siin Jeesusele Kristusele (1. Korintlastele 10:4) ja „usukalju" viitab tugevasti Tõel, Jeesusel Kristusel, püsimisele. Niisiis, kui te seisate usukaljul, pärast kolmandal usutasemel 60% kaugemale jõudmist, ei lange te probleemide ja katsumuste korral. Te täidate Jumala tahet otsani, kuna te püsite kindlalt usukalju peal, sest ajast peale kui te leiate, et see on õige tee või Jumala tahe.

Seega te võite alati elada võidukalt ja Jumalale au anda, ilma et vaenlane saatan ja kurat teid kiusaks. Veel enam, teie süda on tulvil rõõmu ja tänu, hoolimata igasugustest katsumustest ja probleemidest ja teil on rahu ja puhkeolek, kuna te palvetate lakkamata.

Oletame, et te poeg tapetakse liiklusavariis. Hoolimata sellest näilisest tragöödiast, te valate südamest tänupisaraid ja olete rõõmus, sest te püsite kindlalt tõe sees. Isegi kui te avarii tõttu vigaseks jääte, ei pea te seda Jumala vastu, küsides: „Miks Jumal ei kaitsnud mind?" Selle asemel te tänate Jumalat, et Ta kaitses teie ülejäänud kehaosi.

Tegelikult piisab meile Jumala tänamiseks lihtsast tõsiasjast, et meie patud on andeks antud ja me läheme Taevasse. Isegi kui te invaliidistute, ei saa see teid taevasse minemast takistada, sest kui te taevariiki sisenete, muutub teie vigane ihu täiuslikuks taevaseks ihuks.

Teiste sõnadega, pole põhjust nuriseda ega kurvastada. Muidugi kaitseb Jumal teid kindlasti alati, kui teil on niisugune usk. Isegi siis kui Jumal laseb teil liiklusavariis viga saada, et teid saaks õnnistada, võite te oma usule vastavalt täielikult terveneda.

Võiduelu usukaljul

Isegi kui inimestel, kes on kolmanda usutaseme algstaadiumis, on soov Sõnale kuuletuda, kuuletuvad nad vahel Sõnale rõõmuga ja siis taas vastumeelselt. See on nii, kuna too viimane inimrühm ei ole veel täiesti pühitsetud ja nende südames on tõe ja vale vahelised konfliktid.

Näiteks te püüate teisi teenida ja neid mitte vihata, sest Jumal õpetab teid teisi mitte vihkama, vaid oma vaenlasi armastama. Sellest hoolimata, isegi kui näib, et te teenite teisi, võite te end ikkagi koormatuna tunda, sest te ei armasta neid kogu südamest.

Aga kui te püsite kindlana usukalju peal, ei õnnestu teie vaenlasel saatanal ja kuradil teie kiusamine ega kimbutamine, sest teil on tõene süda, mis järgib Püha Vaimu soovi ja teil ei ole midagi karta, sest te elate keset Kõigeväelise Jumala väge.

Nii nagu noor Taavet ütles julgelt usus hiiglasest Koljatile: *"See on Isanda võitlus ja Tema annab teid meie kätte"* (1. Saamueli raamat 17:47), võite ka teie anda nii vaprat usutunnistust, sest Jumal annab teile võidu vastavalt teie usule. Miski ei saa teid takistada ega ära väsitada, sest kõikvõimas Jumal on teie abimees.

Kui teil on Jumalaga osadus ja te jagate Temaga armastust, võite te oma probleemidele ja palvetele saada vastused hetkel kui te Teda usus palute. Aga see ei kehti inimeste kohta, kes palvetavad harva ja kellel puudub osadus Jumalaga. Kui nad on probleemides, on neil Jumala käest väga raske vastuseid saada, kuigi nad väidavad: „Jumal toob mulle kindlasti lahenduse." Nad otsekui ootavad, et õun kukub õunapuu otsast ise alla. Sellepärast me peaksime lakkamata palvetama.

Kuidas usukaljule jõuda

Poksijal ei ole lihtne maailmameistriks saada. Selleks vägiteoks on vaja lakkamatult pingutada, pikaajalist kannatlikkust ja tugevat enesekontrolli. Esialgu kaotab harjutaja praktilise kogemuse saamiseks peetud matšidel ühekülgselt, sest tal puuduvad oskused.

Aga kui ta treenib pidevalt ja lihvib oma oskusi, võib ta vastast vähemalt korra lüüa, isegi kui ta on ise kaks või kolm korda enne seda lüüa saanud. Kui ta täiustab oma oskusi ja saab jõudu juurde, pingutades kannatlikult enam, võidab ta rohkem matše ja ka tema enesekindlus suureneb.

Samuti, hea inglise keele õpilane ootab inglise keele tundi pikisilmi ja naudib seda kogu südamest kui tund on peal. Vastupidiselt aga, need õpilased, kelle inglise keel on väga halb, tunnevad tõenäoliselt tüdimust ja inglise keele tund on nende jaoks tülikas.

Sama on vaenlase kuradi vastu peetava vaimse sõjapidamisega. Kui te olete teisel usutasemel, võitleb Püha Vaimu soov teis patusoovi vastu kõige raevukamat sõda, sest mõlemal soovil on sama jõusuurus. See on nagu kahe võrdse jõu ja oskustega inimese vaheline matš. Kui üks lööb teist, lööb teine teda tagasi. Kui ta lööb teist viis korda, lööb teine teda sama palju kordi tagasi. Samamoodi on vaimses sõjas kuradi vastu. Vahel te võidate kuradi ja vahel kaotate.

Aga kui te palvetate edasi ja püüate Sõnale kuuletuda, ilma pettumust tundmata ega omamata, kallab Jumal oma armu ja jõu välja ja Püha Vaim aitab teid. Selle tulemusel edeneb teie südames Püha Vaimu soov ja teie usk tõuseb pidevalt, kuniks ta jõuab kolmandale usutasemele.

Kui te olete kolmandale usutasemele jõudnud, hääbuvad patuloomuse soovid ja usus elada on lihtsam. Kui te palvetate Sõna käsu alusel pidevalt, teile meeldib Jumalat paluda. Kui te esialgu suutsite palvetada kõige rohkem kümme minutit, suudate te kakskümmend minutit palvetada, siis kolmkümmend ja hiljem te võite kergesti palvetada vähemalt kaks-kolm tundi.

Usus algajatel ei ole lihtne rohkem kui kümme minutit palvetada, sest neil ei ole piisavalt teemasid ega palvesoove, mille eest paluda, seega nad tunnevad, et palvetamine on veidi koormav ja nad kadestavad inimesi, kes võivad ladusalt ja raskusteta palvetada. Kui te palvetate kannatlikult kogu südamest, saate te ülevalt jõu päevas tunde palvetada. Jumal annab teile oma armu ja jõu palvetamiseks kui te annate endast parimat, et Teda pidevalt paluda.

Niimoodi küpseb teie usk pidevas palves. Kui te jõuate kolmanda usutaseme suurema usumõõduni, on teil kõikumatu usk ning te ei pöördu mingisugustes katsumustes ega probleemides paremale ega vasakule.

Usukaljult edasi jõudmine

Kui te seisate usukalju peal, Jumal armastab teid, lahendab teie probleemid ja vastab kõigele, mida te palute. Te võite ka kuulda Püha Vaimu häält, olla rõõmus ja tänulik igas olukorras, nii nagu Jumal käsib ja olla valvel lakkamatult palves püsides, sest te asute Sõnas, mis on kuuekümne kuues Piibli raamatus kirja pandud.

Kui te olete jumalasulane, vanem, pastor või koguduse juht, aga ei suuda Püha Vaimu häält kuulata, peate te teadma, et te ei seisa veel usukalju peal. See ei tähenda ilmtingimata, otsekui te kuuleksite Püha Vaimu häält üksnes siis kui te seisate usukaljul.

Isegi usus alustajad kuulevad Tema häält kui nad Jumala Sõna tundma õppides sellele kuulekad on. Sõnale kuulekuse tõttu ei kulu kaua kui algajate usk hakkab kasvama esimeselt usutasemelt usukalju mõõduni.

Sellest ajast kui ma Isanda vastu võtsin, hakkasin ma südames Jumala armust aru saama ja püüdsin kuuletuda Sõnale kui ma seda tundma õppisin. Nende jõupingutuste tõttu suutsin ma kuulda Püha Vaimu häält ja olla Temast juhitud, sest ma kuuletusin

Sõnale kogu südamest, otsustades kindlalt anda rõõmuga isegi oma elu Isanda pärast kui see peaks vajalikuks osutuma.

Mul kulus kolm aastat, et kuulda Püha Vaimu häält selgelt. Te võite muidugi Tema häält kuulda ka aasta või paariga kui te loete Jumala Sõna usinalt, peate seda meeles ja kuuletute sellele. Aga hoolimata sellest kui kaua te olete usklik olnud, te ei kuule Püha Vaimu häält siis kui te olete elanud oma mõtteid mööda, kuuletumata Sõnale.

On usklikke, kes ütlevad: „Oli aeg, kui ma olin täis Püha Vaimu ja mul oli tugev usk. Ma teenisin aktiivselt kogudust. Aga mu usk on sellest ajast kui ma teise koguduseliikme tõttu vaimselt komistasin, mandunud." Niisugusel juhul ei saa öelda, et tol inimesel oleks varem hea usk olnud ja et ta oleks usinalt kogudust teeninud.

Pealegi, kui niisugustel inimestel oleks tõesti hea usk, ei oleks nad esiteks teise koguduseliikme tõttu langenud ja nad ei oleks oma usku jätnud. Neil on võimalik niimoodi teha, sest neil oli vaid lihalik, tegudeta usk, isegi kui nad tundsid Jumala Sõna.

Me ei peaks olema rumalad ja kogudusest lahkuma, isegi kui meie suhted lähevad mõne koguduseliikmega sassi. Kui kurb see on kui te reedate Jumala, kes lunastas teid pattudest ja andis teile tõelise elu, et naasta maailma, mis viib igavesse surma, lihtsalt tollepärast, et teil on raskusi jumalasulase, juhi või venna või õega kogudusest!

Te peaksite möönma, et te olete kaugel usukaljust kui te palvetate üksnes silmakirjalikult, et näidata end kirgliku palvetajana või tunnete ängi ja olete vaenulik nende vastu, kes teid laimavad või teie üle keelt peksavad. Kui te seisate usukaljul, ei tohiks te nende vastu vaenulik olla, vaid peaksite palvetama nende eest, armastusega ja pisarais.

Alates 1982. aastast on mul teenistuses olnud äärmiselt vastuvõetamatuid aegu ja sündmusi koguduses. Mõned jumalasulased või koguduseliikmed olid liiga kurjad, et neile inimlikust vaatenurgast andeks anda, kuid ma ei tundnud nende vastu kunagi vihkamist ega olnud vaenulik. Kuna ma eeldasin, et nad muutuvad, püüdsin näha nende kurjuse asemel seda, mis oli neis hea ja armas.

Sedamoodi võib Sõna täielikult täita ja elada vabaduses, mis tuleb Sõnast kui teil on täiel määral kolmas usutase ja te püsite kindlalt Jumala Sõna peal. Te olete siis alati rõõmus, tänate alati ja palvetate pidevalt. Te ei kaota kunagi tänutunnet ega tunne kurbust. Pealegi, te seisate kindlalt Jeesuse Kristuse kaljul ja ei kõigu ega pöördu paremale ega vasakule.

3. Patu vastu võitlus verevalamiseni

Teisel usutasemel olijate südames sõdivad Püha Vaimu soovid patuloomuse soovide vastu. Kuid kolmandal usutasemel olijad ajavad patuloomuse soovid ära ja elavad võidukalt Sõnas, sest nad järgivad Püha Vaimu soovi.

Kolmandal usutasemel on kristlik elu lihtne, sest te saite teisel tasemel juba lahti patuloomuse tegudest. Aga kui te jõuate kolmandale usutasemele, hakkate te võitlema patuloomuse soovide ja meis sügavalt juurdunud patuloomuse ja lihaliku ihu segu vastu, kuni verevalamiseni.

Selle tulemusena, kui te jõuate kolmanda taseme täieliku

mõõduni, ei mõtle te enam patuse mõtlemise kohaselt, vaid kuuletute Sõnale täiesti ja olete rõõmuga vabad, sest te olete vabaks saanud juba igasugustest patuloomuse liikidest ja iseloomulikest joontest.

Patuloomusest vabanemise tähtsus

Kui te armastate Jumalat ja kuuletute Tema Sõnale, ei kulu kaua, kui teie usumõõt tõuseb teiselt tasemelt kolmandale. Vastupidi, kui te käite regulaarselt koguduses, kuid ei püüa Sõna järgi teha, ei saa te usumõõt kõrgemale tasemele minna ja te peate jääma olemasolevale – teisele usutasemele.

Sama kehtib seemne suhtes, mida pole kaua külvatud. Kui seemet ei ole pika ajavahemiku jooksul külvatud, selle elu kaob. Teie vaim võib samuti kasvada vaid siis kui te mõistate Jumala Sõna ja teete selle kohaselt. Te peaksite andma endast parimat, et Sõna mõista ja täita, et teie hinge lugu oleks hea.

Kui seeme on maha külvatud, on sellel lihtne tärgata. Ühelt poolt võib seeme surra kui tormine vihm tuleb või inimesed selle peal trambivad ja sel põhjusel tuleb noore võsu eest hoolsasti hoolt kanda. Samamoodi tuleb kolmandal usutasemel olijail hoolitseda esimesel või teisel usutasemel olijate eest, et nad võiksid usus hästi kasvada.

Teisalt kui te kasvate usus suureks puuks, ei lange te kolmandale usutasemele jõudmisel, hoolimata sellest, kui rasked ja tormised katsumused või õnnetused teid ka ei tabaks. Suurt puud ei saa kergesti välja juurida, sest see on sügavale maa sisse istutatud, kuigi selle oksi saab painutada või murda. Samamoodi võib näida, et teie olete mingil ajal maha langemas kui te olete katsumustes ja probleemides, kuid te võite oma jõu taastada ja usus edasi kasvada, sest teie sügavale juurdunud usk ei kõigu mingisugustes olukordades.

Lakkamatud jõupingutused usu täismõõdu saamiseks

Noore puu kasvuks, õideminekuks ja viljakandmiseks või selleks, et see kasvaks suureks puuks, mille okstele linnud võivad istuda, kulub kaua aega. Samamoodi ei ole raske usku teiselt tasemelt kolmandale kasvatada, kui te otsustate kindlalt seda teha, aga usu kolmandalt tasemelt neljandale kasvatamiseks kulub hulga rohkem aega, sest te peate Jumala Sõna kuulama ja seda oma vaimus mõistma, et Piibli kuuekümne kuues raamatus kirja pandud Sõna täita, aga Isa Jumala täiuslikku tahet ei ole lühikese ajaga lihtne mõista.

Näiteks, isegi kui õpilasel läheb algkoolis hiilgavalt, ta ei saa algkooli lõpetamise järgselt kohe kolledžisse minna ega oma ettevõtet juhtida.

Aga on olemas helge peaga inimesi, kes noorelt kolledžisse lähevad ja teevad ja läbivad kvalifikatsiooniеksamid, kuna aga teised lähevad kolledžisse pärast mitut sissesaamise katset.

Samuti võite ka teie neljandale usutasemele jõuda kas kiiresti või aeglaselt, sõltuvalt teie jõupingutustest. Muidugi on inimastja suurus kõige olulisem. Väike astjas ei pea nii palju vaeva nägema, et oma usku kõrgemale tasemele kasvatada, isegi kuigi ta mõistab Sõna ja tal on Taeva ja usulootus. Vastupidiselt, suur astjas mõistab, mis on õige ja otsustab õigesti teha ja püüab edasi, kuni ta jõuab eesmärgile.

Seega te peate aru saama, kui oluline on jõupingutuste

tegemine ja verevalamiseni pattude vastu võitlemine, et kasvatada usku võimalikult kiiresti kolmandalt neljandale tasemele.

Kohuse täitmine pattudest vabanemisel

Kui te pattude vastu võitlete, ei peaks te Jumalalt saadud ülesandeid unarusse jätma. Näiteks, mu koguduses oli vanemdiakoniss, kes oli minuga koguduse rajamisest peale olnud. Nii tema kui ka ta abikaasa olid mõlemad väga raskelt haiged ja nad tulid mu kogudusse. Ma palvetasin nende eest ja nad said terveks.

Ta sai sellest ajast oma hea tervise tagasi ja proovis oma usumõõtu kasvatada, kuid ei täitnud täielikult oma kohustusi vanemdiakonissina. Ta ei püüdnud pattude vastu verevalamiseni seista ja tema südamesse jäi ikkagi kurjust, isegi kui ta käis koguduses edasi ja kuulas Jumala Sõna viisteist aastat. Tema teod ja sõnad meenutasid samuti teisel usutasemel olijate omasid.

Õnneks ärkas ta vaimselt paar kuud enne oma surma ja püüdis Jumalale meeltmööda olla, toimetades koguduse uudistekirju kohale ja neid levitades. Kui ma ta eest kolm korda olin palvetanud, jõudis ta lühikese aja jooksul kolmandale usutasemele.

Seega te ei peaks sõdima üksnes oma pattude vastu verevalamiseni, et vabaneda igasugusest kurjusest, vaid jätkama ka Jumalalt saadud ülesannete täitmist kogu südamest, et te võiksite saada suurema usu mõõdu.

Pattudest on üksinda väga raske vabaneda, aga see on väga

lihtne kui te saate Taevast Jumala jõu.

Ma palun meie Isanda nimel, et te võiksite olla Jumala silmis tark kristlane kui te peate meeles, et Tema vägi tuleb nende üle, kes mitte ei vabane üksnes igasugustest pattudest ja kurjusest, võideldes nende vastu verevalamiseni, vaid kes täidavad ka Jumala käest saadud ülesandeid!

7. peatükk

Usk armastada Isandat ülimal määral

1
Neljas usutase

2
Te hingel läheb hästi

3
Jumala tingimusteta armastamine

4
Jumala armastamine üle kõige

Kellel on minu käsud ja kes neid peab,
see ongi see, kes armastab mind.
Aga kes armastab mind,
seda armastab mu Isa,
ja mina armastan teda ning näitan talle ennast.
(Johannese 14:21)

Täpselt nii nagu trepist minnakse sammhaaval üles, peaks teie usk kasvama ühelt tasemelt teisele, kuni te jõuate täie usumõõduni. Näiteks 1. Tessaloonlklastele 5:16-18 öeldakse: *"Rõõmustage alati, palvetage lakkamatult, tänage kõige eest – sest see on, mida Jumal teilt tahab Jeesuses Kristuses."* Sellele korraldusele kuuletumise määr erineb igaühe usumõõdule vastavalt.

Kui te olete teisel usutasemel, olete te masendunud selle asemel, et rõõmustada ja tänulik olla kui te olete katsumustes ja probleemides, sest te pole saanud veel piisavalt jõudu Jumala Sõna alusel elamiseks. Kui te jõuate kolmandale usutasemele ja saate pattude vastu verevalamiseni võideldes neist lahti, suudate te mingil määral ka katsumustes ja probleemides rõõmsad ja tänulikud olla.

Isegi kui te olete ikka kolmandal usutasemel ja suurtes probleemides, võite te olla veidi kõhklev või skeptiline või veidi sunnitult rõõmus ja tänulik, kuna te ei ole Jumala südant veel täielikult mõistnud.

Aga kui te püsite usukaljul, mis on kolmandas usumõõdus sügavamale juurdunud, olete te südamest rõõmsad ja tänulikud, isegi kui te olete katsumustes ja probleemides. Samuti kui te jõuate suurema usumõõduni – neljandale tasemele – tulvab te südamest alati rõõmu ja tänu. Seega, neljandal usutasemel olete te väga kaugel kurvastamisest või keevalisusest katsumustes ja probleemides, selle asemel te mõtlete alandlikult enese käitumise üle ja küsite enda käest: „Kas ma tegin ehk midagi valesti?" Selle tagajärjel edeneb igaüks, kes jõuab neljandale usutasemele, kus inimene suudab Isandat ülimal määral armastada, igas oma ettevõtmises.

1. Neljas usutase

Kui usklikud ütlevad: „Ma armastan Sind, mu Isand," erineb teise usutaseme usutunnistus väga palju neljandal usutasemel olijate omast. See on nii, kuna Jumalat mõõdukalt armastav süda on ühtmoodi ja Teda ülimal määral armastav süda on hoopis teine asi. Nii nagu Õpetussõnades 8:17 lubatakse: *„Mina armastan neid, kes armastavad mind, ja kes otsivad mind, need leiavad minu,"* need, kes armastavad Isandat ülimal määral, võivad saada kõik palvevastused.

Isanda ülimal määral armastamine

Usuisad, kes armastasid Jumalat ülimal määral, said täis ülevoolavat rõõmu ja olid siiralt tänulikud isegi siis kui nad kannatasid, olemata midagi valesti teinud. Näiteks prohvet Taaniel tänas Jumalat usus ja palus Teda isegi siis kui teda kavatseti kurjade inimeste sepitsuse tõttu lõviauku visata.

Kuid Jumalal oli tema usust heameel, Ta saatis oma inglid, kes sulgesid lõvide suud ja lasi neil Taanieli lõvide eest kaitsta. Selle tulemusel austas Taaniel Jumalat väga (Taanieli 6:10-27).

Teisel korral tunnistasid Taanieli kolm sõpra oma usku

Jumalasse kuningas Nebukadnetsari ees isegi siis kui neid taheti visata lõõmavasse tuleahju, kuna nad ei kummardunud kuldkuju ees ja ei ülistanud seda.

Nad tunnistavad Taanieli 3:17-18: *„Kui see peab olema, võib meie Jumal, keda me teenime, meid päästa: Ta päästab meid tulisest ahjust ja sinu käest, oh kuningas! Aga kui mitte, siis olgu sul teada, kuningas, et meie ei teeni su jumalaid ega kummarda kuldkuju, mille sa oled lasknud püstitada."*

Nad usaldasid vankumatult Jumalat, kelle väega on kõik võimalik ja tunnistasid kindlameelselt, et nad olid valmis loobuma oma elust Jumala pärast, keda nad teenisid, isegi kui Ta ei oleks neid päästnud lõõmavast tulisest ahjust.

Nad olid oma kohustustes ustavad ja ei soovinud midagi vastutasuks ja nad ei kurtnud Jumalale, isegi kui nende ees seisis eluohtlik katsumus, mis nõudis põhjusetult nende elu. Nad suutsid ikkagi rõõmustada ja Jumala armu eest tänulikud olla, sest kõik neist olid väga hästi teadlikud, et isegi kui nad oleksid lõõmavas tuleahjus surnuks põlenud, oleksid nad kindlasti läinud armastava Isa kätesse Taevas. Jumal kaitses neid lõõmavas tuleahjus nende usutunnistust mööda, nii et isegi ükski juuksekarv nende peas ei kõrbenud. See imepärane pilt hämmastas kuningat väga ja ta andis Jumalale au ja edutas Taanieli kolm sõpra varasemast kõrgematele kohtadele.

Pidage meeles seda näidet: apostel Paulust ja Siilast piitsutati jõhkralt ja kurjad inimesed heitsid nad pimedasse vanglasse, kui nad rändasid ühest kohast teise, et kuulutada evangeeliumi. Öösel nad kiitsid ja tänasid Jumalat kui äkiline maavärin tegi vangla uksed lukust lahti (Apostlite teod 16:19-26).

Oletame, et teiegi kannatasite ebaõigluse tõttu nagu need ususisad. Kas te arvate, et te suudaksite südamest rõõmustada ja tänada? Kui te näete, et te ärritute, muutute vihaseks või keevaliseks, peate te aru saama, et te olete usukaljust kaugel. Kui te usukaljust edasi liigute, olete te alati kogu südamest rõõmus ja tänulik, hoolimata teie ees seisvatest probleemidest ja katsumustest, sest te mõistate Jumala ettenägelikkust. Kui ebaõiglased kannatused valmistavad teile vaeva, on neil kannatustel tõenäoliselt mingi otstarve. Kuid kuna te saate Püha Vaimu abil selle põhjuse täpselt teada, võite te rõõmustada ja tänulik olla.

Kuidas juhtus Iisraeli suurima kuninga - Taavetiga? Kuningas Taavet kaotas trooni ja pages ja elas toidu ja koduta oma poja Absalomi mässu tõttu. Troonikaotusele lisaks pildus alamast lihtrahva esindaja Simei Taavetit kividega ja needis teda. Üks Taaveti sulastest palus, et kuningas lubaks tal Simei tappa, aga Taavet ei rahuldanud tema palvet ja ütles: *"Jätke ta rahule ja las ta sajatab, sest Isand on teda käskinud!"* (2. Saamueli raamat 16:11)

Peale selle ei kurtnud Taavet kunagi oma katsumuste ajal ainsatki sõna. Ta pidas kinni armastusest ja usaldas Jumalat ja jäi usus kindlaks. Nende katsumuste kestel suutis Taavet kirja panna ilusad rahulikud kiidusõnad, näiteks nagu Laulus 23.

Sedamoodi uskus Taavet alati, et Jumal pööras kõik tema kasuks, isegi siis kui ta oli keset probleeme ja katsumusi nõutu, sest ta sai Jumala tahtest igal ajal aru ja tänas Jumalat ja valas rõõmupisaraid.

Pärast seda kui Taavet oma katsumused läbis, sai temast kuningas, keda Jumal armastas üle kõige. Pealegi ta suutis teha

Iisraeli nii võimsaks, et naabruses olevad maad austasid Iisraeli. Niimoodi kui Jumal nägi Taaveti usku, pööras Ta kõik kuninga kasuks ja õnnistas teda.

Kuuletuge Isandale rõõmsalt ja ülima armastusega

Oletame, et üks mees ja naine abielluvad varsti. Nad armastavad teineteist nii palju, et nad tunnevad, et nad on valmis vajadusel oma armastatu eest oma elu andma. Mõlemad tahavad teisele anda kõike, mida nad anda suudavad ja teineteisele alati meelepärane olla isegi enese arvelt.

Nad igatsevad teineteise seltskonda nii sageli, nii kaua ja nii palju kui iganes võimalik. Nad ei hooli sellest, et ilm on külm kui nad käivad koos lumisel teel või tuulises tormis. Nad ei tunne end väsinult ega kurnatuna isegi siis kui nad on kogu öö üleval, et teineteisega telefoniga rääkida.

Samamoodi kui te armastate Isandat ülimal määral, nii nagu see peatselt abielluv paar teineteist armastab ja kui teie süda on Tema suhtes muutumatu, olete te neljandal usutasemel. Kuidas siis näidata oma armastust Tema vastu? Kuidas mõõdab Isand teie armastust Tema vastu?

Jeesus räägib meile Johannese 14:21: *„Kellel on minu käsud ja kes neid peab, see ongi see, kes armastab mind. Aga kes armastab mind, seda armastab mu Isa, ja mina armastan Teda ning näitan Talle ennast."*

Kui te Jumalat armastate, peaksite te Tema käsusõnu pidama; see tõendab teie armastust Isanda vastu. Kui te Teda tõesti armastate, armastab Jumal omakorda teid ja Isand on teiega ja näitab teile tõendusi selle kohta. Vastupidi, kui te Tema käsusõnu ei pea, on teil raske Jumala soosingut, heakskiitu või õnnistusi pälvida.

Kas te tõesti armastate Isandat? Kui see on nii, siis peate te kindlasti Tema käsusõnu ja kummardate Teda vaimus ja tões. Te ei ole kunagi uimane ega unine kui te sõnumit kuulate. Kuidas võib öelda, et te armastate kedagi kui te tema jutu ajal magama jääte? Kui te oma partnerit tõeliselt armastate, valmistab juba üksnes tema hääle kuulmine suurt rõõmu.

Samamoodi kui te tõeliselt armastate Jumalat, olete te Tema Sõna kuulates täiesti õnnelik ja rõõmus. Kui see väsitab või tüütab teid, on selge, et te ei armasta Jumalat. 1. Johannese 5:3 meenutatakse meile: *„See ongi Jumala armastamine, et me peame Tema käske, ja Tema käsud ei ole rasked."*

Tõesti, neile, kes Jumalat armastavad, ei ole Jumala käskude täitmine raske. Seega te võite Tema käske täielikult täita kui te saate Jumala tõeliseks armastamiseks usu. Te kuuletute neile usus, armastades kogu südamest, selle asemel, et kuuletuda vastu oma tahet või kohusetundest.

Lisaks, kui te jõuate neljandale usutasemele, kuuletute te igale Jumala Sõnale rõõmuga, sest te armastate Teda nii palju, samamoodi nagu üks armastaja tahab teisele anda kõik, mida teine soovib ja teha kõik, mida ta tahab.

Kurjad ei saa teile kahju teha

Neid, kes Isandat ülimal määral armastavad, pühitsetakse täielikult Sõnale täieliku kuulekusega, nii nagu öeldakse 1. Tessalooniklastele 5:21-22: *„Katsuge läbi kõik, pidage kinni heast, hoiduge igasuguse kurja eest!"*

Kuidas Jumal tasub teile kui te mitte üksnes ei vabane pattudest, verevalamiseni nende vastu võideldes, vaid saate vabaks ka igasugusest kurjusest? Kuidas Ta tõendab teile oma armastust teie vastu? Jumal lubab palju õnnistusi neile, kes saavutavad pühaduse ja puhtuse, sest Ta tasub teile te külvi ja tegude eest.

Esiteks, nii nagu öeldakse 1. Johannese 5:18: *„Me teame, et ükski, kes on sündinud Jumalast, ei tee pattu, sest Jumalastsünnitatu hoiab ennast ja kuri ei puuduta teda,"* te sünnite Jumalast. Teist saab vaimne inimene, kui te ei tee enam pattu, sest te püüate elada Jumala Sõna alusel ja pattudest vabaneda, nende vastu verevalamiseni võideldes. Siis ei saa kuri vaenlane kurat teile enam kahju teha, sest Jumal hoiab teid kaitstud.

Järgmisena lubatakse 1. Johannese 3:21-22: *„Armsad, kui meie süda ei süüdista, siis on meil julgus Jumala ees ja mida me iganes palume, seda me saame Temalt, sest me peame Tema käske ja teeme, mis on Tema silmis meelepärane."* Teie süda ei mõista teid hukka kui te olete Jumala silmis meelepärane mitte vaid Tema käske täites, vaid ka igasugusest kurjast vabanedes. Teil on kindlus Jumala ees ja te saate Temalt kõik palvevastused, mida iganes te palute Jumala lubadust mööda. Ta ei valeta ega muuda meelt; Ta täidab iga oma Sõna ja tõotuse (4. Moosese raamat 23:19). Seega annab Ta teile kõik, mida te palute, kui te armastate Teda ülimal määral ja saate pühitsetud.

Isegi siis kui ma olin usus alles algaja, tundsin ma teatavat pettumust kui sõnumid või ülistuskoosolekud olid lühikesed, sest ma tahtsin Jumala tahte kohta rohkem teada saada ja Tema armu saada. Ma jõudsin kiiresti täie usumõõduni, sest ma andsin endast parima, et elada Sõna alusel kohe kui ma seda mõistsin. Selle tulemusel toon ma täna kõik asjad Jumala ette ja ei säästa isegi oma elu, oma hinge, südant ja meelt ja elan vaid Sõna järgi, et Teda ülimal määral armastada ja Talle meelepärane olla. Isegi kui ma annan Talle kõik, mis mul on, soovin ma alati, et ma võiksin Talle rohkem anda. Ka minu naine ja lapsed on kogu südamest Isandale pühendunud, kuna ma õpetasin nad niimoodi elama. Kui te tunnete, et kristlik elu on koormav, vajate te janu Jumala sõna järele, püüdke Teda Vaimus ja tões ülistada ja vaid Sõna kohaselt elada.

2. Te hingel läheb hästi

Neljandal usutasemel olevad inimesed elavad nii nagu nad südamest tunnistavad, alati Sõna kohaselt, kuna nad mõtlevad kogu aeg: „Mida teha, et olla Jumalale meelepärane?" ja nende südamest tulevale usutunnistusele järgnevad kindlasti sõnakuulelikkuse teod. See on nii, kuna nad armastavad Jumalat ülimal määral.

Ta lubab niisugustele inimestele 3. Johannese 1:2: *„Armas, soovin sulle, et sul läheks igati hästi ja sa oleksid terve, nõnda nagu läheb hästi su hingel."* Mida tähendab „nõnda nagu läheb hästi su hingel"? Missugused õnnistused see toob?

Te hingel läheb hästi

Kui inimene esialgu loodi, hingas Jumal temasse eluõhu ja inimesest sai elav vaim. Ta koosnes vaimust, mille vahendusel ta võis Jumalaga osaduses olla; vaimu kontrolli all olevast hingest; ihust, milles elavad vaim ja hing ja ta võis elada igavesti elava vaimuna (1. Moosese raamat 2:7; 1. Tessalooniklastele 5:23).

Seega, see, kelle hinge lugu on hea, võib valitseda kõike ja elada igavesti samamoodi nagu esimene inimene Aadam suhtles Jumalaga ja kuuletus Tema tahtele täielikult.

Kuid esimene inimene Aadam oli Jumala käsule sõnakuulmatu ja kaotas kõik Jumalalt saadud õnnistused. Jumal andis talle käsu: *„Kõigist aia puudest sa võid küll süüa, aga hea ja kurja tundmise puust sa ei tohi süüa, sest päeval, mil sa sellest sööd, pead sa surma surema"* (1. Moosese raamat 2:16-17). Aadam oli Jumalale sõnakuulmatu ja sõi hea ja kurja tundmise puust. Lõpuks suri tema vaim – mille kaudu ta sai Jumalaga suhelda – ja ta aeti Eedeni aiast välja.

Siin ei tähenda sõnad „tema vaim suri", et Aadama vaim muutus surnuks, kuid see kaotas oma esialgse võime. Vaim peaks olema isanda rollis, kuid hing võttis vaimu surma järgselt selle koha üle. Esimene inimene, Aadam, kes oli elav vaim, suhtles Jumalaga, kes on Vaim.

Aga Aadama vaim suri tema sõnakuulmatuse tõttu ja selle tulemusena ei saanud ta enam Jumalaga suhelda. Seega muutus ta hingeliseks inimeseks, hing sai omakorda vaimu asemel tema isandaks ja hakkas teda valitsema.

„Hing" viitab ajus olevale mälule ja igasugustele meenutustele ja mõtetele, millega mällu talletatu taastekitatakse. Hingeline inimene tähendab, et ta ei sõltu enam Jumalast, vaid usaldab inimlikke teadmisi ja teooriaid. Vaenlase saatana pideva tööga inimese mõtete kallal – hinges – tunglevad inimese üle ebaõiglus ja kurjus ja maailm on olnud samapalju kurjust täis kui inimesed on seda vastu võtnud. Sugupõlvede jooksul on inimesed patust rohkem määritumaks ja rikutumaks muutunud.

Esimene inimene Aadam, kes oli vaiminimene ja samuti kõige valitseja, oli igavese eluga, sest tema vaim oli tema valitsejaks ja ta võis Jumalaga suhelda. Kui pimedus läbistas ta südame, mis oli varem vaid tõega täidetud, läks ta süda sõnakuulmatuse tõttu järkjärgult pimedusejõudusid valitseva vaenlase saatana valitsuse alla.

Selle tulemusel on sõnakuulmatu Aadama järeltulijad muutunud samasuguseks kui hingest ja ihust koosnevate vaimuta loomad. Nad hakkasid elama igasuguse valega nagu valetamine, abielurikkumine, vihkamine, tapmine, kadedus ja armukadedus, kõik need on Jumala Sõna vastu (Koguja 3:18).

Sellest hoolimata avas armastuse Jumal oma Poja Jeesuse Kristuse kaudu pääsemise tee ja andis Püha Vaimu annina igaühele, kes Jeesuse Kristuse vastu võtsid, et nende surnud vaimu ellu äratada. Kui keegi võtab Jeesuse Kristuse vastuvõtmise kaudu vastu Püha Vaimu anni, elustub ta surnud vaim. Veel enam, kui ta laseb Pühal Vaimul enda sees vaimu sünnitada, saab temast järkjärgult vaimne inimene.

Selline inimene võib olla elava vaimuna samamoodi kõigega õnnistatud nagu esimene inimene Aadam oli, kuna ta hinge lugu on hea, mis tähendab, et tema vaimust saab valitseja ja tema hing kuuletub nüüd vaimule. See on teie usu kasvuprotsess ja hinge rikastumise protsess.

Te olete esimesel usutasemel kui te võtate Jeesuse Kristuse vastu ja saate Püha Vaimu. Siis te võite usukalju peal seista ja elada vaid Sõna alusel, Püha Vaimu sooviva vaimu ja patuloomuse soovi järgiva hinge raevuka sõja kaudu. Kui te jõuate neljandale usutasemele, olete te püha ja sarnanete Isandale, sest teie vaimust saab te valitseja.

Teie vaim juhib te hinge

Kui teie vaim juhib teie hinge, seda valitsedes ja teie hing kuuletub vaimu juhtimisele teenrina, siis öeldakse, et „teie hinge lugu on hea." Siis hakkate te järkjärgult sarnanema Isanda südamele ja suhtumisele nagu Filiplastele 2:5 öeldakse: *„Mõtelge iseenestes sedasama, mida Kristuses Jeesuses."*

Kui te vaim juhib te hinge, juhib Püha Vaim te südant 100%, sest Jumala Sõna valitseb te südant ja selle tulemusena ei toetu te enam oma mõtetele. Teiste sõnadega, te võite kuuletuda Jumala Sõnale täielikult, sest te olete lammutanud igasugused lihalikud mõtted ja te süda on saanud tõeks.

Sedamoodi, kui te saate vaimseks inimeseks ja olete Pühast Vaimust juhitud, võite te pääseda igasugustest probleemidest või katsumustest ja olla vaba ohust igas olukorras. Näiteks, isegi kui leiab aset loodusõnnetus või ootamatu avarii, olete te juba kuulnud Püha Vaimu häält, kes äratas teid, et te pageksite sellest kohast ja võiksite turvaliselt olla.

Seega, kui teie hinge lugu on hea, pühendate te kõik oma teed kuulekalt Jumalale. Siis Ta juhib teie südant ja mõtteid ja juhatab teid kõigil te teedel ning õnnistab teid hea tervisega.

5. Moosese raamatu 28. peatükis kirjeldatakse seda järgmiselt:

Ja kui sa tõesti kuulad Isanda, oma Jumala häält ja

pead hoolsasti kõiki Tema käske, mis ma täna sulle annan, siis tõstab sind Isand, su Jumal, kõrgemaks kõigist rahvaist maa peal. Ja kõik need õnnistused saavad sulle osaks ja tabavad sind, kui sa võtad kuulda Isanda, oma Jumala häält. Õnnistatud oled sa linnas ja õnnistatud oled sa väljal. Õnnistatud on su ihuvili, su maapinna saak, su karja juurdekasv, su veiste vasikad ning su lammaste ja kitsede talled. Õnnistatud on su korv ja su leivaküna. Õnnistatud oled sa tulles ja õnnistatud oled sa minnes (5. Moosese raamat 28:2-6).

Seega, need, kes kuuletuvad Jumala Sõnale, kuna nende hinge lugu on hea, ei saa lihtsalt igavest elu taevas, vaid neil on ka igasugused tervise-, materiaalsed ja järeltulijatesse puutuvad õnnistused isegi siin maa peal.

Teil läheb kõik hästi

Joosep, Jaakobi poeg, sattus ahastust tekitavasse olukorda: tema oma vennad müüsid ta maha kui ta oli noor ja ta viidi Egiptusesse ja seal ta vangistati, teotusena, ilma et ta oleks midagi valesti teinud.

Hoolimata rasketest oludest, ei kaotanud Joosep julgust, vaid pühendus Kõikvõimsa Jumala juhatusele. Tema suure usu tõttu juhtis Jumal Ise kõike Joosepi elus ja valmistas kõik, mida ta vajas. Selle tulemusel läks kõik Joosepiga hästi ja teda austati väga, temast sai Egiptuse peaminister.

Seega, isegi kui Joosep viidi nooruses Egiptusesse ja egiptlane vangistas ta seal, pandi ta lõpuks Egiptust juhtima ja ta võis päästa oma perekonna ja Egiptuse rahva seitsmeaastasest põuast. Pealegi, ta rajas Iisraeli rahvale seal elamiseks aluse. Tänapäeval on maa peal rohkem kui kuus miljardit inimest. Nende hulgast usub rohkem kui miljard inimest Jeesust Kristust. Kui miljardi suuruse kristlaste elanikkonna hulgas leidub laitmatuid ja veatuid Jumala lapsi, kui armsad nad Talle on! Ta on alati nendega ja õnnistab neid kõigil nende teedel. Kui raskused tabavad neid, sunnib Ta nende südant neist raskustest pagema või juhib nad palvetama. Neid palvetama juhtides võtab Jumal nende palve vastu ja vabastab nad nendest raskustest, kuna Ta on õiglane Jumal.

Mõne aasta eest kutsuti mind Los Angelese evangeeliumi kuulutamise konverentsile kõnelema. Enne lahkumist tundsin ma tugevat õhutust Jumalalt konverentsi eest palvetada, seega ma keskendusin konverentsi eest palvetamisele mägedes asetsevas palvemajas ja tegin seda kaks nädalat. Ma ei teadnud enne Los Angelesse jõudmist, miks Isand oli mind nii tugevasti konverentsi eest palvetama õhutanud.

Vaenlane saatan ja kurat olid ässitanud kurjad inimesed üles, et konverents ei toimuks ja seda taheti peaaegu tühistada. Pärast mu palvet ja koguduseliikmete palveid hävitas Jumal nende riukalikud plaanid eos.

Seega, kui ma Los Angelesse jõudsin, leidsin ma, et kõik oli konverentsiks valmis ja ma võisin seda raskusteta läbi viia. Lisaks annaksin ma Jumalale suurt au võimaluse eest õnnistada palves Los Angelese Linnavalitsust ja sain esimese korealasena Los Angelese maakonnavalitsuse aukodaniku seisuse.

Sedamoodi usaldab see, kelle hinge lugu on hea, kõik asjad

Jumala hooleks. Kui te usaldate Talle palves kõik ja ei sõltu oma mõtetest, tahtest ega plaanidest, valvab Jumal teie mõtteid ja juhatab teid nii, et teiega võib kõik hästi minna.

Isegi kui teil juhtuvad olema probleemid, pöörab Jumal kõik teie kasuks kui te tänate Teda isegi raskes olukorras, kuna te usute kindlalt, et Jumal laseb sel Tema tahtes juhtuda. Vahel võite te hätta sattuda kui te teete midagi oma kogemuse või mõtete alusel ja ei sõltu Jumalast, kuid isegi neil aegadel aitab Jumal teid kohe kui te oma veast aru saate ja meelt parandate.

Täielikult Püha Vaimu kontrolli all

Kui te seisate usukalju peal, lahkuvad teist igasugused kahtlused ja te hakkate kindlalt uskuma seda, et Jumal on elav ja te usute Ta tegudesse nagu Isanda ülestõusmine ja Teine tagasitulek, millegi loomine mitte millestki ja Temalt palvevastuste saamine.

Seega, te võite igasugustes katsumustes ja probleemides vaid rõõmustada, palvetada ja Jumalat tänada, sest te ei kahtle kunagi uskmatuses. Sellest hoolimata ei valitse Püha Vaim teie südant veel 100%, sest te ei ole veel täie pühitsuse mõõduni jõudnud. Vahel ei suuda te täpselt öelda, kas see, mida te kuulete, on Püha Vaimu hääl või mitte ja te olete segaduses, sest lihalikud mõtted püsivad teis edasi.

Näiteks kui te palvetate ettevõtte avamise eest, leiate te teatud ettevõtte ja hakkate seda juhtima, mõeldes, et see on Jumalalt saadud palvevastus. Esialgu näib ettevõte edukalt toimivat, aga hiljem lähevad asjad allamäge. Siis te saate aru, et te ei kuulanud Püha Vaimu häält, vaid toetusite selle asemel oma mõtetele.

Seega, need, kes seisavad usukalju peal, on enamasti edukad, sest nad saavad tõest aru ja elavad Sõna järgi, aga nad ei ole veel usus täiuslikuks saanud, sest nad ei ole jõudnud veel tasemele, kus nad võiksid kõik täiesti Jumala kätesse usaldada ja vaid Temale toetuda.

Missugused on neljanda usutaseme inimesed? Kui te olete neljandal usutasemel, on teie süda juba tõega samastunud, teie elu on vastavuses Jumala Sõnaga ja teie ihusse ja südamesse on liidetud tema tõde. Teie süda on muutunud vaimuks ja siis teie vaim juhib täiesti teie hinge. Seega te ei ela enam oma mõtete järgi, sest nüüd juhib Püha Vaim teie südant sajaprotsendiliselt. Siis te võite olla edukas igas oma ettevõtmises, sest Jumal juhib teid, kui te olete Talle kuulekas ja järgite Püha Vaimu juhtimist.

Kui te olete palvetanud, et midagi korda saada, saab teid eksimatult viia rikkusesse ja edusse, kui te ootate kannatlikult kuni Püha Vaim juhib teid sajaprotsendiliselt. 1. Moosese raamatu 12. peatükis meenutatakse meile, et Aabraham oli kuulekas ja lahkus oma kodumaalt niipea kui Jumal tal minna käskis, olgugi et tal ei olnud aimugi, kuhu ta teel oli. Aga kuna ta kuuletus Jumala tahtele, õnnistati teda ja temast sai usuisa ja Jumala sõber.

Seega, teil ei ole millegi üle muret tunda kui Jumal juhib teie teid. Te võite olla igati õnnistatud, kui te usaldate ja järgite üksnes Teda, sest kõikvõimas Jumal on teiega.

Täiuslikud kuulekuse teod

Kui te jõuate neljandale usutasemele, kuuletute te rõõmuga kõigile käsusõnadele, sest te armastate Jumalat ülimal määral. Te ei kuuletu Talle vastu oma tahtmist ega jõuga, vaid olete vabalt ja rõõmuga Talle kogu südamest sõnakuulelik, sest te armastate Teda.

Lubage mul kasutada näidet, et aidata teil seda paremini mõista. Oletame, et teil on suur võlg. Kui te ei suuda võlga otsekohe tasuda, tuleks teid seaduse järgselt karistada. Veelgi hullem, oletame, et üks teie pereliikmetest vajab otsekohe operatsiooni. Te masendute kui teil ei ole niisuguses kohutavas olukorras raha.

Kuidas te siis reageerite kui te leiate juhuslikult tänavalt suure teemandi? Teie reaktsioon erineb vastavalt teie usumõõdule.

Kui te olete esimesel usutasemel ja saate vaevu päästetud, võite te mõtelda: „Ma võin selle eest tasuda kogu oma võla ja haiglakulud." Te mõtlete nii, kuna te ei tunne veel Jumala Sõna hästi. Te vaatate ringi, et näha, kas keegi näeb teid ja võtate teemandi üles kui pealtnägijaid pole.

Kui te olete teisel usutasemel, kus te püüate Sõna alusel elada, on teis vaimne sõda, kus patuloomuse soov ütleb: „See on Jumalalt saadud palvevastus" ja Püha Vaimu soovi vahel, mis ütleb: „Ei, see on vargus. Te peate selle omanikule tagastama."

Esiteks te võite kõheleda ja kaalutleda, kas te peaksite selle võtma ja politseisse viima, aga lõpuks panete te selle taskusse, sest kurja olemasolu on suurem kui headuse olemasolu teis. Kui teil poleks võlga või te ei oleks nii tungivas olukorras, te võite hetke kõhelda, kuid viiksite selle politseisse. Kuid teis asuv kurjus võidab lõpuks headuse, kuna te olete väga lootusetus olukorras.

Järgmiseks, kui te olete kolmandal usutasemel või seisate usukalju peal ja järgite Püha Vaimu soovi, toote te teemandi politseisse, sest te tahate seda omanikule tagastada. Sellest hoolimata te tunnete oma südames teemandist puudust ja mõtlete: „Ma oleksin võinud kogu oma võla tasuda ja operatsiooni eest maksta!" Seega ei ole teie tegu veel täiuslik, sest teis püsib niimoodi vale soov.

Kuidas toimiks neljandal usutasemel olija taolises keerukas olukorras? Te ei mõtleks oma soovile isegi niisugust kallist vääriskivi nähes, sest teie südames ei ole valele kohta ja niisugune kuri mõte ei tuleks teile kunagi mõttesse.

Selle asemel te kurvastate omaniku pärast ja mõtlete: „Kui murtud ta võib olla! Ma vean kihla, et ta on seda igalt poolt otsinud. Ma viin selle kohe politseisse!" Te teete nii nagu te mõtlete ja viite selle politseisse.

Sedamoodi, kui te armastate Isandat ülimal määral ja olete neljandal usutasemel, kuuletute te alati Jumala käsuseadustele, hoolimata sellest, kas keegi näeb teid või mitte, kuna te elu täidab käsuseadust. Sellises olukorras ei ole teil vaja eristada Püha Vaimu häält muust, nagu näiteks teie patuse mõtlemise häälest.

Enne kui te seisate usukaljul, leiate te palju kordi end raskustest, sest teil ei ole lihtne oma mõtete ja Püha Vaimu häält eristada. Isegi kui te seisate usukaljul, te ei suuda üht teisest täiesti eristada.

Aga kui te olete jõudnud neljanda taseme usumõõduni, ei ole teil põhjust koormat tunda ja teil tuleb vaid järgida Püha Vaimu häält, sest Ta juhib ja valitseb te südant ja mõtteid sajaprotsendiliselt.

Peale selle kui te olete neljandal usutasemel, te ei toetu inimlikele mõtetele, tarkusele ega kogemustele, vaid Isand juhib teid kõigil te teedel. Selle tagajärjel te võite saada „Jehovah jireh"

(Isand varustab) õnnistused ja kõik läheb teil korda.

3. Jumala tingimusteta armastamine

Kui te olete neljandal usutasemel, on teie armastus Jumala vastu tingimusteta. Te kuulutate evangeeliumi või teete ustavalt Jumala tööd, sest te ei oota selle eest vastutasuks mingisuguseid õnnistusi ega Jumala vastuseid, te peate seda lihtsalt oma kohuseks nii teha. Samamoodi on kui te teenite oma ligimest ohvrimeelse armastusega. Te teete seda, ootamata neilt mingit vastutasu, sest te armastate nende hingesid väga.

Kas vanemad küsivad laste käest oma armastuse eest vastutasu? Nad ei tee seda kunagi; armastus annab. Vanemad on lihtsalt tänulikud ja rõõmsad selle eest, et neil on lapsed, keda armastada. Kui on vanemaid, kes soovivad, et nende lapsed lihtsalt neile kuulekad oleksid või kasvatavad oma lapsi ainult nendega kiitlemiseks, ootavad nad oma armastuse eest vastutasu.

Sarnaselt ei soovi lapsed vastutasuks midagi oma vanematelt kui nad oma vanemaid tõelisest südamest armastavad. Kui nad täidavad oma kohust ja püüavad endist parimat anda, et oma vanematele meelepärane olla, paneb see vanemad mõtlema: „Mida ma peaksin nende heaks tegema?"

Samamoodi, kui teie jõuate usu mõõduni, kus te armastate Isandat ülimal määral, piisab Jumala tänamiseks üksnes tõsiasjast, et te olete saanud armu pääsemiseks ja seega te tunnete, et Tema armu tagasimaksmiseks ei ole mingit võimalust ja te ei suuda Tõde ja Jumalat tingimusteta mitte armastada.

Seega kui teil on usk Jumala tingimusteta armastamiseks,

saate te palvetada, töötada ja teenida jumalariiki ja Tema õigsust päeval ja ööl ja te ei oota selle eest mitte mingit vastutasu.

Jumala armastamine vankumatu südamega

Apostlite teod 16:19-26 võtsid kurjad inimesed Pauluse ja Siilase kinni ja tirisid turuplatsile, kuigi nad olid teinud head, jutlustades paganatele evangeeliumi ja ajades neist kurje vaime välja. Seal võeti neilt riided, neid piitsutati jõhkralt ja nad heideti vanglasse. Nad pandi alumisse kongi ja nende jalad pandi pakkudesse kinni. Kui te oleks olnud nende asemel, mida te oleksite teinud?

Teisel usutasemel te võite kurta ja oiata: „Jumal, kas Sa oled tõesti elav? Me oleme Su heaks siiani ustavalt tööd teinud. Kuid miks Sa lasid meid vangi panna?"

Kolmandal usutasemel te ei räägiks kunagi sellesarnast, kuid te võite palvetada veidi masendunult: „Jumal, Sa nägid, kuidas meid alandati kui me Sinu heaks evangeeliumi kuulutasime. Kõik see on nii valus. Palun tee meid terveks ja vabasta meid!"

Aga Paulus ja Siilas tänasid Jumalat ja laulsid Talle kiituslaule, isegi kui nad olid väga lootusetus ja kohutavas olukorras, teadmata, mis neist saab. Äkki raputas väga tugev maavärin vangla alusmüüre. Kõik vangla uksed paiskusid otsekohe valla ja kõigi ahelad vallandusid. Sellele imele lisaks võtsid vangivalvur ja tema perekond Jeesuse Kristuse evangeeliumi vastu ja said päästetud.

Seega võivad neljandal usutasemel olijad austada Jumalat kohe, kuna neil on tugev usk, mille abil nad saavad igasugustes katsumustes ja probleemides palvetada ja Jumalat rõõmuga kiita.

Rõõmuga kõigele kuuletumine

1. Moosese raamatu 22. peatükis käskis Jumal Aabrahamil oma ainus poeg Iisak, Jumala tõotatud poeg, põletusohvriks tuua. Põletusohver viitab Jumalale toodud ohvrile, mille jaoks loom lõigati tükkideks ja tükid pandi altarile paigutatud puudele ja põletati.

Aabrahamil kulus kolm päeva Morijamaale jõudmiseks, kus ta pidi Jumala käsule kuuletudes oma poja Iisaki põletusohvriks tooma. Mis te arvate, mida ta mõtles selle kolmepäevase teekonna ajal?

Mõned vaidlevad, et Aabraham läks sinna ja tema mõtetes oli konflikt: „Kas ma peaksin Talle kuuletuma või mitte?" Kuid asjad polnud nii. Te peate teadma, et kolmandal usutasemel olijad püüavad Jumalat armastada, kuna nad teavad, et nad peaksid Jumalat armastama.

Aga neljandal usutasemel olijad lihtsalt armastavad Teda, püüdmata Teda armastada. Jumal teadis ette, et Aabraham kuuletub talle rõõmuga ja katsus ta usu läbi. Aga Ta ei lase niisugust rasket katsumust tulla inimestele, kes ei suuda Talle kuuletuda.

Seetõttu selgitatakse Heebrealastele 11:19, et: *„Ta arvestas, et Jumal võib ka surnuist üles äratada, seepärast ta saigi tema tagasi ettetähenduseks."* Aabraham võis Tema käsule rõõmuga kuuletuda, sest ta uskus, et Jumal suutis tema poega surnuist ellu äratada. Lõpuks läbis Aabraham usukatsumuse ja sai tohutu õnnistuse. Temast sai usuisa, kes oli kõigile rahvastele õnnistuseks ja teda kutsuti ka Jumala „sõbraks".

Kui te olete niisugune inimene, kes Jumalale rõõmuga

kuuletub, olete te alati tänulik ja rõõmus igasugustes katsumustes ja probleemides. Te võite Jumalat üksnes kogu südamest tänada ja palvetada, sest te teate, et Jumal pöörab kõik heaks ja õnnistab teid nende katsumuste ja tagakiusu kaudu.

Jumalal on usust hea meel ja Ta annab teile, mida iganes te palute. Sellepärast ütles Jeesus Matteuse 8:13: „*Nagu sa oled uskunud, nõnda sündigu sulle*" ja Matteuse 21:22: „*Ja kõike, mida te iganes palves palute uskudes, seda te saate.*"

Kui teil on veel vastamata palvesoove, see tõendab, et te ei usaldanud Teda täielikult, vaid kahtlesite. Seega te peaksite jõudma staadiumisse, kus te armastate Jumalat tingimusteta, kuuletudes Talle rõõmuga kogu südamest igasugustes oludes.

Kõige armastuse ja halastusega vastuvõtmine

Mis te teete kui keegi teid põhjuseta laidab või süüdistab? Kui te olete teisel usutasemel, ei suuda te seda välja kannatada ja kaebate või riidlete selle asja tõttu. Peale selle, kui teie mõttes on veel kurjust, te muutute keevaliseks ja võite neid solvata. Kuid Jumalasse uskujatel ei ole õige näidata mingit kurjust nagu viha, keevalisust ega teotussõnu nii nagu öeldakse 1. Peetruse 1:16: „Olge pühad, sest mina olen püha."

Kuidas te reageerite kui te olete kolmandal usutasemel? Te tunnete end valulikult ja ebamugavalt, sest saatan tegutseb lakkamatult te mõtete kallal. See on nii, sest isegi kui te arvate oma mõtetes, et te peaksite rõõmus olema, teil ei ole piisavalt südamest väljavoolavat tänu ja rõõmu.

Kui te olete neljandal usutasemel, on te meel vankumatu ja te ei pahanda isegi siis kui teised teid põhjuseta vihkavad või taga kiusavad, sest te olete vabanenud juba igasugusest kurjast.

Jeesus ei tundnud end ebamugavalt ega valulikult isegi hoolimata tagakiusust, ohust, häbist ega põlglikust kohtlemisest kui ta evangeeliumi kuulutas. Ta ei öelnud kunagi midagi taolist: „Ma tegin vaid head, kuid kurjad inimesed kiusasid mind taga ja tahtsid mind isegi tappa. Ma tunnen suurt ängistust." Ta rääkis selle asemel neile eluandvaid sõnu.

Kui te olete neljandal usutasemel, olete te Isanda südame sarnane. Nüüd te leinate neid, kes teid taga kiusavad ja palvetate nende eest, selle asemel, et nende vastu vaenulikkust tunda. Te andestate neile ja mõistate neid ja võtate nad vastu armastuse ja halastusega.

Seega ma loodan, et te võite aru saada, et samasugustes oludes võivad keevaverelised inimesed või need, kes teisi vihkavad, tunda valu ja masendust, kuna aga need, kes andestavad ja teisi armastuse ja halastusega vastu võtavad, ei tunne ängistust ja võidavad kurja heaga.

4. Jumala armastamine üle kõige

Kui te jõuate tasemele, kus te armastate Isandat ülimal määral, täidate te käsuseadused täielikult ja teie hinge lugu on hea. Teie jaoks on loomulik Jumalat üle kõige armastada. Sellepärast tunnistas apostel Paulus Filiplastele 3:7-9, et ta pidas kõike, mis tal oli, kahjuks ja minetas kõik, kuna ta pidas seda „pühkmeks":

Kuid mis mulle oli kasuks, seda ma olen arvanud

kahjuks Kristuse pärast. Jah, enamgi: ma pean kõike kahjuks Isanda Kristuse Jeesuse kõikeületava tunnetuse kõrval. Tema pärast olen ma minetanud kõik selle ja pean seda pühkmeiks, et saada kasuks Kristust ja et mind leitaks Tema seest ega oleks mul oma õigust, mis tuleb Seadusest, vaid see õigus, mis tuleb Kristusesse uskumisest, see, mille Jumal annab usu peale.

Kui Jumalat üle kõige armastada

Jeesus õpetab neljas evangeeliumis niisugustest õnnistustest, mida antakse neile, kes vabanevad kõigest, mis neil on ja armastavad Jumalat enam kui midagi muud, nii nagu apostel Paulus tegi. Ta tõotab meile Markuse 10:29-30, et Ta annab neile sajakordselt õnnistusi selles maailmas ja igavest elu tuleval ajastul.

Tõesti, ma ütlen teile, ei ole kedagi, kes on maha jätnud maja või vennad või õed või ema või isa või lapsed või põllud minu pärast ja evangeeliumi pärast ega saaks vastu nüüd, selsamal ajal sajavõrra maju ja vendi ja õdesid ja emasid ja lapsi ja põlde tagakiusamise kestelgi, ning tuleval ajastul igavest elu.

Fraas „jätnud oma kodu või vennad või õed või ema või isa või lapsed või põllud Isanda ja evangeeliumi pärast" tähendab vaimselt, et te ei soovi enam niisuguseid maailmalikke asju, katkestate lihalikud suhted ja armastate üle kõige Jumalat, kes on

Vaim.

Muidugi see ei tähenda ilmtingimata, et te ei armastaks teisi inimesi põhjusel, et te armastate Jumalat esiteks. Selle kohta räägitakse 1. Johannese 4:20-21: *"Kui keegi ütleb: "Mina armastan Jumalat", ja vihkab oma venda, siis ta on valelik, sest kes ei armasta oma venda, keda ta näeb, ei suuda armastada Jumalat, keda ta ei ole näinud. Ja see käsk on meil Temalt endalt, et kes armastab Jumalat, armastagu ka oma venda."*

Inimesed ütlevad, et vanemad sünnitavad laste ihu. Inimene moodustub üsas, isa sperma ja ema munaraku liitumise teel. Aga vanemate sperma ja munaraku valmistas Looja Jumal, mitte vanemad ise.

Peale selle, nähtav ihu saab pärast surma peotäieks põrmuks. Ihu on tegelikult üksnes koda, kus elavad vaim ja hing. Inimese tõeline valitseja on vaim ja Jumal ise juhib vaimu. Seega me peaksime Jumalat armastama rohkem kui midagi muud, kui me mõistame, et vaid Jumal saab meile anda tõelist, igavest elu ja taevast.

Ma tavatsesin surma värava ees rännata, kuna mul olid seitse aastat igasugused ravimatud haigused. Ma tervenesin imeväel kui ma kohtusin elava Jumalaga. Sellest ajast peale olen ma Teda armastanud enam kui midagi muud ja Ta on mulle nii palju õnnistusi vastu andnud.

Eelkõige sain ma kõik oma patud andeks ja sain päästetud ja igavese elu. Lisaks läks kõik minuga hästi ja kuna mu hinge lugu oli hea, oli mu tervis hea. Hiljem kutsus Jumal mind Teda maailmamisjoni teostamiseks teenima ja andis mulle väe.

Ta on ilmutanud mulle tulevasi asju. Ta on samuti saatnud

mulle palju häid jumalasulaseid ja ustavaid koguduse töötegijaid ja lasknud mu kogudusel kasvada eksponentsiaalses suuruses, et ma võiksin saada Jumala ettehoolde osaliseks. Vahepeal õnnistas Ta mind nii koguduseliikmete kui ka uskmatute armastusega. Ta juhatas mu pere armastama Teda rohkem kui midagi või kedagi muud ja on neid Isanda vastuvõtmisest peale nii täiuslikult kaitsenud igasuguste haiguste ja õnnetuste eest; mitte ükski neist ei ole ravimeid tarvitanud ega haiglas olnud. Sedamoodi on Ta õnnistanud mind nii palju, et mul ei ole mitte millestki puudust.

Vaimse armastuse täitmine

Kui te armastate Jumalat rohkem kui midagi muud, te elate külluses, sest Ta juhib teid igas olukorras ja tõeline õnnelikkus ülevalt tuleb teie südamesse kogu täiusega.

Selle tulemusel jagate te teistega seda ülevoolavat armastust, sest vaimne armastus tuleb täielikult teie üle. Te võite kõiki inimesi igavese muutumatu armastusega armastada, sest teie mõtetes ei ole üldsegi kurja.

Vaimset armastust selgitatakse üksikasjalikult 1. Korintlastele 13:4-7:

> *Armastus on pika meelega, armastus hellitab, ta ei ole kiivas, armastus ei kelgi ega hoople, ta ei käitu näotult, ta ei otsi omakasu, ta ei ärritu. Ta ei jäta meelde paha, tal ei ole rõõmu ülekohtust, aga ta rõõmustab tõe üle. Ta lepib kõigega, ta usub kõike, ta loodab kõike, ta talub kõike.*

Tänapäeval on selles maailmas konfliktid, ebakõlad ja vaidlused ja abielumehe ja –naise või pereliikmete vahelised tülid paljudes kodudes, sest seal puudub vaimne armastus. Seal on alati ebakõla ja nad ei suuda meeldivat rahulikku kodust atmosfääri luua ega hoida, sest igaüks kinnitab, et üksnes temal on õigus ja üksnes tema tahab olla armastatud.

Aga kui inimesed hakkavad Jumalat üle kõige armastama, saavad nad vaimse armastuse lihalikku armastust eemale heites. Lihalik armastus muutub ja on omakasupüüdlik, kuna aga vaimne armastus paneb teised alandliku meelega esikohale ja taotleb teiste kasu, eelistades seda enesekasule. Kui teil on see vaimne armastus, täitub teie kodu kindlasti õnne ja harmooniaga.

Nii nagu sageli juhtub, kiusavad teid taga teie perekonnaliikmed või sõbrad, kes ei usu Jumalat kui te hakkate Jumalat armastama (Markuse 10:29-30). Kuid see ei kesta kaua. Kui teie hingel läheb hästi ja te jõuate neljandale usutasemele, muutub tagakius õnnistuseks ja tagakiusajad hakkavad teid armastama ja teist lugu pidama.

2. Korintlastele 11:23-28 kirjeldatakse, kui tugevasti kiusati taga apostel Paulust kui ta kuulutas Isanda evangeeliumi. Ta töötas Isandale rohkem kui keegi teine ja teda vangistati palju sagedamini, piitsutati palju jõhkramalt ja ta oli pidevalt surmasuus. Kuid Paulus oli tänulik ja rõõmus, selle asemel et tunda ahastust.

Sellele vastavalt, kui te jõuate neljandale usutasemele, kus te armastate Jumalat rohkem kui midagi muud, siis isegi kui te peaksite minema läbi surmavarju oru, võib see paik teile taevalikuna tunduda ja tagakius muutub varsti õnnistuseks, sest Jumal on teiega.

Matteuse 5:11-12 ütleb Jeesus: „*Õndsad olete teie, kui teid minu pärast laimatakse ja taga kiusatakse ja teist valega kõiksugust kurja räägitakse. Olge rõõmsad ja hõisake, set teie palk on suur taevas! Just samamoodi on taga kiusatud ka prohveteid enne teid."*

Seega, te peate aru saama, et isegi kui teid tabavad katsumused ja probleemid Isanda pärast, kui te rõõmustate ja olete rõõmus, ei saa te üksnes Jumala armastuse, tunnustuse ja taevase tasu osaliseks, vaid ka sel praegusel ajastul sajakordse tasu.

Püha Vaimu vili ja õndsakskiitmised

Kui te jõuate neljandale usutasemele, kannate te rohkelt üheksat Püha Vaimu vilja ja õndsakskiitmised tulevad te elu üle. Galaatlastele 5:22-23 räägitakse Püha Vaimu üheksast viljast: *„Aga Vaimu vili on armastus, rõõm, rahu, pikk meel, lahkus, headus, ustavus, tasadus, enesevalitsus – millegi niisuguse vastu ei ole Seadus."*

Püha Vaimu vili on Jeesuse Kristuse armastus, mis annab janusele vaenlasele vett ja toidab teda, kui tal on nälg. Kui teil on rõõmu vili, tulevad teie ellu tõeline rahu ja õnnelikkus, sest te taotlete ja loote vaid headust ja ilu. Te olete samuti kõigiga pühaduses rahujalal, kui teil on rahu vili.

Lisaks palvetate te pidavalt tänumeele ja rõõmuga ja teil on kannatlikkuse vili ka siis kui te kannatate ja teid katsutakse läbi. Lahkuse vilja abil te andestate andestamatud asjad ja annate inimestele andeks ning mõistate asju, mida te mõista ei suuda ja kannate teiste eest hoolt, et nad võiksid teist edukamad olla. Headuse viljaga te heidate eemale igasuguse kurja ja taotlete ilusat headust ning ei eira teiste tundeid ega tee neile haiget.

Ustavuse viljaga kuuletute te täielikult Jumala Sõnale ja olete Isandale ustavad oma elust loobumiseni, sest te igatsete elukrooni. Tasaduse vilja abil, mis on pehme kui puuvill, võite te pöörata vasaku põse kui keegi lööb teid paremale põsele ja võtta kõiki vastu armastuse ja halastusega.

Lõpuks te järgite enesekontrolli viljaga Jumala antud korraldust jonnakuse ega erapoolikuseta ja teete Jumala tahet ilusalt ja harmooniliselt.

Lisaks näete te, et Matteuse 5. peatükis kirjeldatud hävimatud, muutumatud ja igavesed õndsakskiitmised tulevad teie ellu.

Kui te kannate Püha Vaimu vilja rohkesti ja õndsakskiitmised tulevad niimoodi teie ellu, olete te väga lähedal viiendale usutasemele, kus teid viiakse edusse ja teile antakse kiiresti isegi niisugused asjad, millest te üksnes mõtlete.

Mäetippu jõudmiseks tuleb sammhaaval mäkke ronida. Tipus tunnete te end üsna värskelt ja rõõmsalt isegi siis kui teekond on olnud väga vaevaline. Põllumehed teevad palju tööd, lootes saada rikkalikku lõikust, sest nad usuvad, et nad suudavad koristada vastavalt oma vaevanägemisele. Samaviisi võime me lõigata Jumala poolt Piiblis lubatud õnnistusi kui me elame tões.

Ma palun meie Isanda nimel, et teil oleks usk, et armastada Jumalat üle kõige, heites oma patud ära nende vastu usinasti seismise ja Jumala tahtes elamise teel!

8. peatükk

Usk Jumala meeltmööda olekuks

1
Viies usutase
2
Usk oma elu ohvriks toomiseks
3
Usk imede ja tunnustähtede näitamiseks
4
Kogu Jumala kojas ustav olemine

Armsad, kui meie süda meid ei süüdista,
siis on meil julgus Jumala ees
ja mida me iganes palume, seda me saame Temalt,
sest me peame Tema käske
ja teeme, mis on Tema silmis meelepärane.
(1. Johannese 3:21-22)

Vanemad on täis rõõmu ja uhkust oma laste üle kui nad neile kuuletuvad, neid kogu südamest austavad ja armastavad. Vanemad ei anna niisugustele lastele mitte üksnes seda, mida nad paluvad, vaid püüavad nende vajadusi otsides anda neile ka isegi seda, mida nad oma südames soovivad ja ei palu neilt.

Samamoodi, kui te Jumalale kuuletute ja olete Talle meelepärane, ei saa te Temalt üksnes mida iganes te palute, vaid ka oma südamesoovidele vastuse, sest Jumalal on väga hea meel teie usust ja Ta armastab teid. Tõesti, mitte miski ei ole võimatu kui teil on niisugune osadus Temaga.

Süveneme siis nüüd usku, mis on Jumalale meelepärane ja teedesse, mille abil seda saavutada.

1. Viies usutase

Jumalale meelepärane usk on kõrgem kui usk armastada Jumalat üle kõige. Mis on siis Talle meelepärane usk? Me näeme endi ümber lapsi, kes armastavad oma vanemaid tõeliselt ja täidavad oma vanemate tahet, sest nad mõistavad kõiges oma vanemate südant. Peale selle, ainult siis kui te saate selgitada armastuse mõõtu, millega olla oma vanematele meeltmööda, võite te mõista ka usku, mis on Jumalale meeltmööda.

Milline armastus on Jumalale meeltmööda?

Korea valmides on kohusetundlikud pojad, tütred või miniad, kelle armastuse teod olid nende vanematele meeltmööda ja kes panid isegi taeva tegutsema. Näiteks, üks lugu oli pojast, kes hoolis oma vanast voodihaigest emast. Ta püüdis igatmoodi, kuid asjatult, oma ema terveks saada.

Ühel päeval kuulis poeg, et tema vana haige ema võiks saada terveks kui ta jooks tema sõrmest verd. Poeg lõikas meeleldi oma sõrme otsast ja lasi emal oma verd juua. Siis sai tema ema varsti terveks. Muidugi ei ole meditsiinilisi tõendeid, et inimese veri võiks haigele uut elu anda. Kuid tema ohvrimeelne armastus ja tõsimeelsus liigutas Jumalat ja Ta andis talle armu, nii nagu Korea vanasõna ütleb: „Siirus paneb taeva tegutsema."

On üks teine südantliigutav lugu pojast, kes hoolitses oma haigete vanemate eest. Ta läks talveks mäesügavusse ja kahlas läbi lume, mis oli üle põlve kõrgune, et kaevata välja haruldane saladuslik taim ja selle vili, mis pidi tema haigete vanemate jaoks hea olema.

On veel üks lugu mehest ja naisest, kes teenisid oma vanu vanemaid ustavalt hea toiduga iga päev, kuigi nad ise ja nende lapsed olid sageli näljas.

Aga kuidas on meie aja inimestega? On mõned, kes peidavad maitsvat toitu, et oma lapsi toita, kuid annavad oma vanematele vähest ja on seda tehes tõrksad. Te ei kutsuks seda kunagi kõige ehtsamaks armastuseks kui nad valavad oma lapsed armastusega üle, kuid unustavad oma vanemate armu ja armastuse. Need, kes tõesti armastavad oma vanemaid, annavad neile head toitu ja võivad isegi varjata tõde, et nende oma lapsed on näljas. Kas teie ohverdaksite end niimoodi oma vanemate eest?

Seega me peaksime aru saama ilmsest erinevusest sõnakuuleliku armastuse vahel, mis on rõõmus ja tänulik ja vanematele meelepärase armastuse vahel. Minevikus ei olnud lihtne leida lapsi, kellel oleks olnud niisugune vanematele meelepärane armastus ja tänapäeval on muutunud veelgi raskemaks leida niisuguseid lapsi, sest maailm on nüüd tulvil patust ja kurjast.

See sarnaneb vanemate armastusega, mida kutsutakse kõige kõrgemaks ja ilusamaks armastuseks. Isegi mu ema, kes mind väga armastas, ütles mulle kui ta nuttis kibedalt: „Sure ära, see on sinu pojakohus," kuna ma olin aastaid haige ja mul puudus taastumislootus.

Aga kuidas näitas armastuse Jumal meie vastu oma armastust? Ta ei andnud meile üksnes oma ainust Poega ja ei lasknud Tal ristil surra, et avada tee pääsemisele ja Taevasse, vaid ta andis ka oma lõppematu armastuse.

Minu puhul olen ma ajast kui ma Jumalaga kohtusin, alati tundnud ja mõistnud Tema tohutut armastust, nii et ma võisin mõista Tema armastust kogu südamest ja kasvasin kiiresti täie usumõõdu sisse. Ma hakkasin Teda üle kõige armastama ja mul oli samuti Jumalale meelepärane usk.

Jumalale meelepärase usu omamine

Laulus 37:4 lubab Jumal meile: *„Olgu sul rõõm Isandast, siis Ta annab sulle, mida su süda kutsub."* Kui te olete Jumalale meelepärane, ei anna Ta teile üksnes seda, mida te iganes palute, vaid Ta täidab ka kõik teie südameigatsused.

Kui ma alustasin oma kogudust, oli mul vaid 10 USA dollari ringis. Kuid Jumal õnnistas mu usupalvet ja ma sain üürida peaaegu 900 ruutjala suuruse hoone. Jumal tõi mu kogudusse ka suure äratuse ja see oli hea mõõduga, kokkupressitud ja ülevoolav kui ma palvetasin suure nägemusega ja mul oli algusest peale maailmamisjoni unistus.

Samamoodi on teie jaoks kõik võimalik kui teil on Jumalale meelepärane usk, sest Jeesus meenutas meile Markuse 9:23: „*Kui Sa võid! Kõik on võimalik sellele, kes usub.*" Samamoodi, nii nagu mainitakse 5. Moosese raamatu 28. peatükis, olete te õnnistatud tulles ja minnes ja laenate paljudele, kuid ei laena ise kellegi käest ja Isand teeb teid peaks. Pealegi järgnevad teile tunnustähed nagu kinnitatakse Markuse 16. peatükis.

Jeesus lubab teile veel kirjeldamatuid õnnistusi Johannese 14:12-13. Loeme koos neid salme, et näha, missugused õnnistused järgivad teid ku te olete Jumalale usus meelepärane:

> *Tõesti, tõesti, ma ütlen teile, kes usub minusse, see teeb neidsamu tegusid, mida mina teen, ja ta teeb nendest hoopis suuremaid, sest mina lähen Isa juurde ja mida te iganes palute minu nimel, seda ma teen, et Isa saaks kirgastatud Pojas.*

Eenoki õnnistused

Me näeme Piiblis palju Jumalale meelepäraseid usuisasid. Kuidas nende seas oli Heebrealastele 11. peatükis mainitud Eenok Jumalale meelepärane ja missugused olid tema õnnistused?

Usus võeti ära Eenok, et ta ei näeks surma, ja teda ei leitud enam, sest Jumal oli ta ära võtnud. Aga juba enne, kui ta ära võeti, oli ta saanud tunnistuse, et ta on olnud Jumalale meelepärane. Aga ilma usuta on võimatu olla meelepärane, sest kes tuleb Jumala juurde, peab uskuma, et Tema on olemas ja et Ta annab palga neile, kes Teda otsivad (5.-6. salmid).

1. Moosese raamat 5:21-24 kujutatakse Eenokit kui kedagi, kes oli Jumalale meelepärane, sest ta oli 65 aastaselt pühitsetud ja oli ustav kogu Jumala kojas. Eenok käis Jumalaga 300 aastat, jagas Temaga armastust ja ei näinud surma, sest Jumal võttis ta ära. Ta oli nii rohkelt õnnistatud, et nüüd ta viibib Jumala aujärje kõrval ja jagab Temaga ülimat armastust.

Samamoodi on võimalik saada Jumalale meelepärast usku omades taevasse võetud, ilma surma nägemata. Prohvet Eelija ei näinud samuti surma, kuid ta võeti Taevasse, sest ta tunnistas elavast Jumalast ja päästis palju inimesi, näidates neile Jumalale meelepärase usu kaudu hämmastavaid vägitegusid.

Kas te usute, et Jumal on olemas ja tasub neile, kes Teda usinasti otsivad? Kui teil on niisugune usk, on üksnes sobilik, et te oleksite täiesti pühitsetud ja loobuksite isegi oma elust, et täita Jumalalt saadud kohustusi.

2. Usk oma elu ohvriks toomiseks

Jeesus annab meile Matteuse 22:37-40 järgmise käsu:

"Armasta Isandat, oma Jumalat, kogu oma südamega ja kogu oma hingega ja kogu oma mõistusega! See ongi suurim ja esimene käsk. Teine on selle sarnane: Armasta oma ligimest nagu iseennast! Neis kahes käsus on koos kogu Seadus ja Prohvetid."

Nii nagu Jeesus ütleb, Jumalat armastavad inimesed on Talle meelepärased mitte vaid seetõttu, et nad armastavad Jumalat kogu südamest, hingest ja meelest, vaid ka, kuna nad armastavad oma ligimest nagu iseend. Te võite kutsuda seda Jumalale meelepärast usku „Kristuse usuks" või „täielikuks vaimseks usuks", kuna see usk on piisavalt tugev, et te võiksite Jeesuse Kristuse heaks isegi maha panna oma elu, seda säästmata.

Tema usk, et ohverdada oma elu Jumala tahte heaks

Jeesus oli täiesti kuulekas Jumalale meelepärasele tahtele. Ta löödi risti ja Temast sai ülestõusmise uudsevili ja nüüd istub Ta Jumala aujärjel, sellepärast, et Tal oli usk end täielikult ohverdada, pannes maha oma elu ja minnes täielikust sõnakuulelikkusest kaugemale. Seega tunnistab Jumal Jeesusest sõnadega: *„See on minu armas Poeg, kellest mul on hea meel!"* (Matteuse 3:17, 17:5) ja *„Vaata, see on mu sulane, kelle ma olen valinud, mu armastatu, kellest mu hingel on hea meel"* (Matteuse 12:18).

Koguduse ajaloo vältel on olnud palju usuisasid, kes andsid Jumala meelepärase tahte eest nii nagu Jeesuski oma elu, seda säästmata. Peale Peetruse, Jakoobuse ja Johannese, kes järgisid Jeesust kogu aeg, panid paljud teised oma elu Jeesuse Kristuse eest kõhklemata ja kahtlusteta maha. Peetrus suri ristil, pea allapoole; Jakoobusel löödi pea otsast ja Johannest keedeti raudkatlas õli sees, kuid ta ei surnud ja ta pagendati Patmose saarele.

Paljud kristlased surid Rooma Colosseumis lõvide saagina, kiites Jumalat. Paljud teised hoidsid kinni oma usust, elades kogu elu katakombis, „maa aluses surnuaias" ja ei näinud iialgi päevavalgust. Jumalal oli nende usust hea meel, sest nad elasid Pühakirja järgmise käsu kohaselt: „*Sest kui me elame, siis elame Isandale, ja kui me sureme, siis sureme Isandale. Kas me nüüd elame või sureme – me oleme Isanda päralt*" (Roomlastele 14:8).

1992. aastal hakkas mul ninaverejooks ületöötamisest, ma ei olnud piisavalt maganud ega puhanud. Näis otsekui oleks kogu veri mu ihust välja voolanud. Selle tulemusena olin ma varsti kriitilises olukorras. Ma kaotasin järkjärgult teadvuse ja jõudsin lõpuks surma lävele.

Tolleks hetkels tundus, et ma olen varsti Jeesuse kätes, kuid mul ei olnud mingit kavatsust arstiabist sõltuda. Mul ei tulnud hetkekski pähe ninaverejooksu pärast arsti jutule pöörduda. Ma ei läinud haiglasse ega toetunud mingile muule maailma raviviisile isegi surmasuus olles, sest ma uskusin oma Isa, kõigeväelist Jumalat. Ka mu perekond ja koguduseliikmed ei sundinud mind haiglaravile minema. Nad teadsid piisavalt hästi, et ma usaldasin alati oma elu täielikult Jumala kätte ja mitte maailma ega kellegi inimese hooleks.

Isegi kui ma olin suurest verevoolust teadvusetu, oli mu vaim Jumalale tänulik selle eest, et ma võisin end Jeesuse kätele seada ja igavesti puhata. Mu ainus lootus oli kohtuda Isand Jeesusega.

Aga Jumal näitas mulle nägemuses, mis mu kogudusega pärast mu surma juhtuks. Mõned jääksid mu kogudusse edasi ja püsiksid usus, teised aga naaseksid maailma, jättes Jumala ja Tema vastu pattu tehes.

Seda nähes ei suutnud ma Jeesuse kätes puhata. Selle asemel palusin ma siiralt, et Jumal mu tugevaks teeks, sest ma tundsin sügavat kurbust nende pärast, kes olid maailma minemas. Siis ma tõusin Jumala abil, kes mu terveks tegi ja tõusin otsekohe istuli, kuigi ma olin peaaegu surnud ja näost lumivalge.

Kui ma teadvusele tagasi tulin, nägin ma paljusid koguduse töötegijaid rõõmust nutmas. Kuidas nad oleksid suutnud meeleliigutust vältida kui nad nägid, et Jumal äratas surnu hämmastaval ja vägeval moel ellu?

Sedamoodi on Jumalal hea meel neist, kes näitavad oma usku üles sellega, et nad annavad isegi oma elu ja ei säästa seda ning Jumal vastab nende palvetele kiiresti. Algkoguduse märtrite tõttu levis evangeelium kiiresti kogu maailma. Isegi Koreas aitas märtrite veri evangeeliumi kiirele levikule kaasa.

Usk kogu Jumala tahtele kuuletumiseks

1. Tessoonikalastele 5:23 on kirjas: *„Aga rahu Jumal ise pühitsegu teid läbinisti ning teie vaim ja hing ja ihu olgu tervikuna hoitud laitmatuna meie Isanda Jeesuse Kristuse tulemiseks."* Siin tähendab „kogu vaim" olekut, kus inimene on täielikult Jeesuse Kristuse südame saanud.

Terve vaimuga inimene elab üksnes Jumala tahte kohaselt, sest ta võib alati Püha Vaimu häält kuulda ja ta süda on Jumala Sõna täieliku mõistmise kaudu tõega üheks saanud. Te võite

Usk Jumala meeltmööda olekuks 151

vaiminimeseks saada ja saavutada Jeesuse suhtumise, kui te olete täielikult pühitsetud igasugusest kurjast vabanemise kaudu ja teie sees leitava patu vastu võideldes.

Sealjuures kui vaimne inimene varustab end pidevalt Jumala Sõnaga, ei valitse tõde täielikult mitte üksnes ta südant, vaid ka kogu ta elu.

Siis te võite niisugust usku kutsuda „täielikuks usuks" või „täiuslikuks Jeesuse Kristuse vaimseks usuks." Te suudate niisuguse usu saada kui te olete siira südamega, nagu kirjeldatakse Heebrealastele 10:22: *„Siis mingem Jumala ette siira südamega, usukülluses, olles südame poolest piserdamisega puhastatud kurjast südametunnistusest ja ihu poolest pestud puhta veega!"*

Aga see ei tähenda, et te oleksite Jeesuse Kristusega võrdne, isegi kui teil on Jeesuse suhtumine ja Kristuse usk. Oletame, et poeg austab oma isa väga palju ja püüab isa moodi olla. Ta iseloom või isiksus võib isa omale sarnaneda, kuid ta ei saa kuidagi olla oma isa.

Samamoodi ei saa teie olla sama, kes on Jeesus Kristus. Ta seadis Matteuse 10:24-25 järgmise vaimse korra: *„Ei ole jünger üle õpetajast ega teenija üle oma isandast. Jüngrile olgu küllalt, et tema saab selliseks nagu ta õpetaja ja teenija nagu ta isand. Kui nad pereisandat on kutsunud Peltsebuliks, kui palju enam siis tema peret!"*

Kuidas olid lood Iisraeli lapsed Egiptusest välja viinud Moosese ja tema järeltulija Joosuaga, kes rahva Kaananisse viis? Mooses tegi Punase Mere kaheks ja tõi vee kaljust esile, aga Joosua ei teinud Moosesest väiksemaid Jumala imesid: ta peatas

Jordani jõevoolu üleujutuse ajal, Jeeriko varises kokku ja päike ja kuu peatusid peaaegu kogu päevaks. Sellest hoolimata ei saanud Joosua olla ülem Moosesest, kes rääkis Jumalaga selgelt ja mõistukõneta palgest palgesse.

Selles maailmas võib õpilane õpetajast üle olla, kuid vaimusfääris on see võimatu. See on niimoodi, kuna vaimusfäär on arusaadav üksnes Jumala abiga ja mitte raamatute ega maailma tarkusega. Seega ei ole vaimse õpetaja poolt vaimselt koolitatu üle oma õpetajast, kes mõistab ja teeb asju Jumala armust.

Piiblis sai Eliisa Eelija vaimust topelt osa ja tegi rohkem imesid, kuid ta oli taevasse elavalt võetud Eelijast väiksem. Ka algkoguduse aegadel tegi Timoteos Isandale Jeesusele palju asju, kuid ei saanud oma õpetajast, apostel Paulusest, ülemaks.

Kuna vaimusfääris puuduvad piirid, ei saa keegi selle sügavust täiesti mõista. Tollepärast te saate seda tundma õppida üksnes Jumala õpetuse kaudu ja mitte iseenesest. Samamoodi on faktiga, et te ei tea ookeani sügavust ega missugused taimed ja imetajad selle põhjas elavad. Ometi võib ookeanisügavusse laskudes palju värvilisi kalu ja taimi näha. Sealjuures kui sügavamalt uurida, võib ookeani saladusi näha niipalju kui selleks soovi on. Samamoodi on vaimusfääriga, mida sügavamale minna, seda rohkem saab selle kohta teada.

Jumal ise õpetab mind ja laseb mul mõista vaimusfääri, et ma võiksin jõuda vaimusfääri sügavamale tasemele. Ta on pannud mind vaimusfääri ka ise kogema. Ta juhatab ja õpetab mulle niimoodi usumõõdu kohta üksikasjalikult ja kasutab mind, et ma viiksin rohkem inimesi vaimusfääri sügavamale tasemele. Seda teades peate te end hoolikamalt läbi katsuma ja püüdma küpsemat usku saavutada.

3. Usk imede ja tunnustähtede näitamiseks

Kui teil on täielik usk teie südamesse täielikult rajanenud tõe kaudu, kogunevad teisse palved kui te püüate Jumala meelepärase tahte alusel elada. See on nii, kuna te peaksite saama väe võimalikult paljude hingede päästmiseks, kellest igaüht Jumal peab universumist kallimaks.

Miks löödi Jeesus risti? Ta tahtis päästa kadunud hingi, kes ekslevad patu teedel ja teha neist Jumala lapsed.

Miks ütles Jeesus: „Mul on janu," kui Ta rippus ristil ja voolas kõrvetava päikese all tundidekaupa verd? Jeesus ei palunud nende sõnadega kogu Ta vere valamisest tekitatud füüsilist janu kustutada, vaid Tema veretasu maksmisest tingitud vaimset janu leevendada. See oli tõsine palve, et me päästaksime kadunud hingi ja viiksime nad Jeesuse kätesse.

Paljusid väega päästes

Kui inimene jõuab viiendale usutasemele, kus ta on Jumalale meelepärane, juurdleb ta tõsiselt: „Kuidas ma võiksin juhatada paljusid Isa kätesse? Kuidas laiendada jumalariiki ja selle õigsust?' ja annab tegelikult selle saavutamiseks endast parima. Seega ta püüab Jumalale meelepärane olla muude ülesannete tegemise teel, täites lisaks täielikult oma Jumalalt saadud kohustusi.

Aga isegi niisugune pühendunud isik ei suuda Jumalale väe saamiseta meelepärane olla, sest nagu meile tuletatakse meelde 1. Korintlastele 4:20: „*Sest Jumala riik ei ole ju sõnades, vaid väes.*"

Kuidas te võite saada väge, et viia paljusid inimesi pääsemise teele? Te saate seda üksnes lakkamatu palvega. See on nii, kuna hingesid ei päästeta inimliku jutu, teadmiste, kogemuste, maine ega meelevallaga, vaid üksnes Jumalalt saadud väega.

Seega peavad viiendal usutasemel olijad innukalt palves püsima, et nad saaksid väe, millega nad suudavad võimalikult paljusid hingi pääsemisele tuua.

Jumalariik seisneb väes

Kunagi kohtusin ma pastoriga, kes ei olnud üksnes oma südames kurjuseta, kuid püüdis samuti täita oma kohust ja palvetas, et ta võiks Jumala Sõna järgi elada, aga ta ei kandnud niipalju vilja kui ta ootas. Mis on selle põhjuseks? Kui ta oleks Jumalat tõesti armastanud, oleks ta kogu oma meele, tahte, elu ja isegi oma tarkuse Jumalale allutanud, kuid ta ei olnud seda teinud. Ta oleks pidanud aru saama, et ta oli ikkagi ise oma elu valitseja, selle asemel, et lasta Jumalal end juhtida.

Jumal ei saanud tema heaks töid teha, kuna see pastor ei sõltunud Jumalast täielikult ja tegi oma kohust, kuid sõltus oma teadmistest ja mõtetest. Seega ta ei suutnud ilmutada Jumala tööd, mis oli inimvõimete piiridest suurem, kuigi ta nägi oma pingutuste tulemust.

Seega te peaksite Jumalat teenides palvetama, kuulama Püha Vaimu häält ja olema Püha Vaimu juhatuse all, selle asemel, et toetuda inimese mõtlemisele, teadmistele ja kogemustele. Üksnes siis kui teist saab tõeinimene ja te olete tõeliselt Püha Vaimu juhatuse all, kogete te imetegusid, mis saavad ilmsiks Tema ülevalt tuleva väe kaudu.

Siiski, kui te toetute inimlikule mõtlemisele ja teooriatele, isegi siis kui te mõtlete, et te tunnete Jumala Sõna ning palvetate ja annate endast parima, et oma kohust täita, ei ole Jumal teiega, sest niisugune suhtumine on Jumala arvates kõrk. Seega te peate täiesti vabanema patuloomusest, palvetama tuliselt, et te oleksite täiuslik vaimne inimene ja paluma Jumala väge, mõistes, miks apostel Paulus tunnistas: „Ma suren igapäevaselt."

Kui me palvetame Püha Vaimu õhutusel

Igaüks, kes on Isanda Jeesuse vastu võtnud, peaks palvetama, sest palvetamine on vaimne hingamine. Kuid palve olemus erineb eri usutasemetel. Esimesel või teisel usutasemel olija palvetab peamiselt enese eest, kuid ta suudab vaevu vaid kümme minutit palvetada, sest tal ei ole palju asju, mille eest palvetada.

Samuti ta ei palveta usus kogu oma südamest, isegi siis kui ta palvetab jumalariigi ja selle õigsuse eest. Aga kui ta jõuab kolmandale usutasemele, suudab ta jumalariigi ja selle õigsuse eest palvetada, ilma enesele midagi küsimata.

Lisaks, kuidas ta palvetab, kui ta jõuab neljandale tasemele? Sellel tasemel palvetab ta ainult jumalariigi ja selle õigsuse eest, sest ta on täiesti vabanenud patuloomuse tegudest ja soovidest.

Ta ei pea palvetama, et oma pattudest vabaneda, sest ta juba elab Jumala Sõna järgi. Ta palub Jumalalt peale oma pere ja enese vajaduste muud: teiste inimeste pääsemist, jumalariigi ja selle õigsuse laienemist ja palvetab oma koguduse, koguduse töötajate ja kõigi usuõdede ja -vendade eest. Ta palvetab pidevalt, sest ta on väga teadlik, et ta ei suuda ainsatki hinge päästa, kui ta ei saa ülevalt tulevat Jumala väge. Ta palvetab ka tulihingeliselt kogu südamest, meelest ja jõust jumalariigi ja selle õigsuse eest.

Peale selle, kui ta jõuab viiendale usutasemele, palub ta Jumalale meelepäraselt ja tema tänupalve suudab liigutada isegi Jumalat Tema aujärjel.

Minevikus oleks kulunud üsna kaua, et ta oleks palunud Püha Vaimu täiuses, kuid nüüd ta võib tunda, et tema palve tõuseb taevasse Püha Vaimu õhutusel hetkest kui ta palvetama hakkab.

Pattudest vabanemise eest on raske palvetada. Aga ei ole raske palvetada usus ja põleva armastusega Isanda vastu, et saada Jumala väge paljude hingede päästmiseks ja Jumalale meeltmööda olemiseks.

Imepäraste imede ja tunnustähtede näitamine

Paljud imelised tunnustähed ja imed ilmnevad inimese kaudu kui ta püsib palavalt armastades innukas palves, et saada Jumala väge. See on kinnituseks, et tal on Jumalale meelepärane usk.

Jeesus tegi palju imelisi tunnustähti ja imesid oma teenistuse ajal ja ütles Johannese 4:48: *„Te usute mind ainult siis, kui näete tunnustähti ja imetegusid."* See on nii, kuna Jeesus võis inimesed kergesti Jumalasse usu juurde juhatada kui Ta andis imeliste tunnustähtede ja imetegudega tunnistust elavast Jumalast.

Tänapäeval valib Jumal samuti sobivad inimesed ja laseb neil teha tunnustähti ja imetegusid ja isegi suuremaid asju kui Jeesus tegi (Johannese 14:12). Üksnes minu koguduses on ilmnenud loendamatud tunnustähed ja imeteod.

Vaadelgem nüüd neid tunnustähti ja imetegusid, mis on saanud ilmsiks nende läbi, kellel on Jumalale meelepärane usk. Esiteks, kui Jumala vägi, mis on inimvõimetest suurem, teostub ja avaldub, kutsume me seda „tunnustäheks." Näiteks pime hakkab nägema, tumm rääkima, kurt kuulma, jalust vigane käima, lühike jalg kasvab pikemaks, kõver selg läheb otseseks ja lastehalvatuse või kesknärvisüsteemi halvatuse seisund muutub normaalseks.

Jeesus räägib meile tunnustähtedest Markuse 16:17-18:

Kuid uskujaid saadavad sellised tunnustähed: minu nimel ajavad nad välja kurje vaime, räägivad uusi keeli, tõstavad paljaste kätega üles mürkmadusid, ning kui nad jooksid midagi surmavat, ei kahjustaks see neid; haiged, kellele nad panevad käed peale, saavad terveks.

Siin tähistab „uskujaid" isa usuga usklikke. Tunnustähti, mis saadavad „uskujaid", võib liigitada viide kategooriasse ja ma räägin neist üksikasjalikumalt järgmises peatükis.

Teiseks, paljude Jumala tegude hulgas on „imetegu" ilma muutmine, kaasa arvatud pilvede liigutamine, taevast vihma allatulek või selle peatamine, taevakehade liikuma panek ja sellesarnane.

Piibli kohaselt saatis Jumal äikest ja vihma kui Saamuel palvetas (1. Saamueli raamat 12:18). Kui prohvet Jesaja hüüdis Jumalat appi, me teame, et *„Jumal lasi varjul kümme pügalat tagasi minna"* (2. Kuningate raamat 20:11). Samuti Eelija *„palvetas püsivalt, et ei sajaks vihma, ning kolm aastat ja kuus kuud ei sadanud piiskagi vihma maa peale. Siis ta palvetas taas ja taevas andis vihma ning maa laskis tärgata oma viljal"*

(Jakoobuse 5:17-18). Samuti juhatab armastuse Jumal inimesi pääsemise teele, näidates neile käegakatsutavaid imelisi tunnustähti ja imetegusid inimeste kaudu, keda Ta selleks sobivaks peab. Seega teil peaks olema kindel usk Piiblisse kirja pandud Jumala Sõnasse ja te peaks proovima saada Jumalale meelepärast usku.

4. Kogu Jumala kojas ustav olemine

Esimesel või teisel usutasemel inimesed suudavad ajutiselt jõuda viienda usutaseme olekusse. See on nii, kuna nad saavad esimest korda Püha Vaimu vastu võttes niivõrd palju Püha Vaimu täis, et nad ei karda enam surma, aga on tulvil tänu, nad palvetavad usinalt, kuulutavad evangeeliumi ja osalevad igal koguduse koosolekul. Nad saavad igale oma palvele vastuse, sest nad on neljandal või viiendal usutasemel, hoolimata sellest, et see kogemus on ajutine. Kui nad kaotavad Püha Vaimu täiuse, naasevad nad peagi oma usutasemele.

Kuid viienda usutaseme inimesed ei muutu kunagi. See on nii, kuna nad on alati täielikult täis Püha Vaimu ja nad suudavad oma mõtteid täiuslikult kontrollida ja valitseda ja nad ei ela nii nagu esimesel või teisel usutasemel olijad. Peale selle on nad tegelikult Jumalale meeltmööda, kuna nad on ustavad kogu Tema kojas.

4. Moosese raamat 12:3 räägitakse Moosese kohta: *"Aga mees, Mooses, oli väga alandlik, alandlikum kõigist inimestest maa peal"* ja 7. salmis täheldatakse: *"Nõnda aga ei ole mu sulase Moosesega, tema on ustav kogu mu kojas."* Sellega me

teame, et Mooses oli viiendal usutasemel, kus ta võis Jumalale meelepärane olla.

Mis tähendab „kogu Jumala kojas ustav olemine"? Miks tunnistab Jumal Talle meelepärase usu omajateks üksnes neid, kes on kogu Tema kojas ustavad, nii nagu Mooses oli?

Kogu Jumala kojas ustav olemise tähendus

Sellel, kes on „ustav kogu Jumala kojas," on Kristuse usk või „täielik vaimne usk"; ta teeb kõike Jeesuse Kristuse suhtumisega. Ta teeb kõike Kristuse südamega ja vaimu südamest, tuginemata oma mõtlemisele ega meelele.

Kuna ta on saavutanud headuse meele, Kristuse meele, ta ei tülitse ega kisenda ja ta ei murra rudjutud roogu katki ja ei kustuta hõõguvat tahti ära (Matteuse 12:19-20). Niisugune inimene on risti löönud oma patuloomuse selle kirgede ja soovidega, et ta võiks olla kõigis oma ülesannetes ustav.

Temasse ei ole jäänud „ennast", tal on vaid Kristuse süda – vaimusüda – sest ta on vabanenud kõigest lihalikust. Ta ei tunne muret maailma au, väe ega rikkuse pärast.

Selle asemel on ta süda tulvil igaveste asjade lootust: kuidas ta suudaks saada jumalariiki ja Tema õigsust, kui ta elab selles maailmas; kuidas ta võib olla tähtis isik Taevas ja Isa Jumala poolt armastatud ja kuidas ta võiks elada igavesti õnnelikult, talletades suuri tasusid Taevasse. Järelikult võib ta olla ustav kõigis oma kohustes, sest ta südamest tulvab ainult innukus ja siirus jumalariigi ja Tema õigsuse jaluleseadmiseks.

Jumalariiki ja Tema õigsust jaluleseadvate inimeste pühendumise määr erineb. Kui inimene teostab vaid talle antud kohustust, on tegu vaid tema isikliku ülesande täitmisega. Näiteks kui te palkate kellegi ja tasustate teda ja ta teeb töö, mille jaoks teda palgati ja mille eest talle tasutakse, siis me ei ütle, et ta oli „ustav kogu kojas," isegi kui ta oma töö hästi sooritab. „Olles ustav kogu koja üle" ei täida see isik üksnes oma ülesannet hästi, vaid ta teeb ka väga palju rohkemat, säästmata oma materiaalset vara ja on siiras ning teeb lihtsalt rohkem kui vaid oma ülesande teoks tegemine.

Seega teid ei saa tunnustada kui kedagi, kes „on ustav kogu Jumala koja üle," isegi kui te olete suurest armastusest Jumala vastu oma pattudest vabaks saanud, võideldes nende vastu verevalamiseni ja täitnud oma kohuse täielikult, pühitsetud südamega. Teid võib tunnustada kui kedagi, kes on „ustav kogu Jumala kojas" üksnes siis kui te olete täiesti pühitsetud ja täidate oma kohust äärmiselt hästi, minnes oma ülesannete piirest kaugemale Kristuse usu kaudu, mis on surmani kuulekas.

Kogu Jumala kojas ustav olemine

Te olete neljandal usutasemel, kui te armastate Jeesust Kristust ülimal määral ja teil on vaimne armastus 1. Korintlastele 13. peatüki kirjelduse kohaselt ja kannate Püha Vaimu vilja, mis on kirjas Galaatlastele 5. peatükis. Sellele lisaks suudate te saada Jumalale meelepärast usku kui te saate Matteuse 5. peatüki õndsakskiitmiste osaliseks ja olete ustav kogu Jumala kojas. Miks on see niimoodi?

Püha Vaimu vilja armastuse ja 1. Korintlastele 13. peatükis määratletud armastuse vahel on erinevus. 1. Korintlastele 13 armastus on vaimse armastuse määratlus, kuna aga Püha Vaimu vilja armastus viitab piiramatule armastusele, mis täidab käsu.

Seega armastuse alla, mis on Püha Vaimu vili, mahub rohkemat kui armastusse, mille kirjeldus on 1. Korintlastele 13. peatükis. Teiste sõnadega, kui seaduse armastusega ristil täide saatnud Jeesuse Kristuse ohver lisada 1. Korintlastele 13 armastusele, võib seda kutsuda „armastuseks, mis on Püha Vaimu vili."

Rõõm tuleb ülevalt koos vaimse õnnetunde ja rahuga, sest lihalikud asjad teis kaovad samal määral, mil vaimne armastus küpseb teie sees. Teie jaoks on mõttekas olla üksnes täis rõõmu kui te olete täis head, sest te näete, kuulete ja mõtlete vaid heast.

Te ei vihka kedagi, sest teie sees ei ole vihkamist. Te olete tulvil rõõmu, sest te pigem tahate teisi teenida ja neile häid asju anda ning nende eest ohvreid tuua. Kuigi te elate selles maailmas, te ei otsi lihalikke asju ja ei taotle enese huve; selle asemel olete te täis taevast lootust ja mõtlete, kuidas jumalariiki ja Tema õigsust laiendada ja olete Talle meeltmööda, tuues rohkem inimesi päästmisele. Te võite oma ligimestega rahus elada, sest teil on tõeline õnn ja te kannate meelerahuga nende eest hoolt, samal määral kui te olete rõõmus.

Pealegi võite te olla kannatlik taevase lootusega, samal määral kui te olete rahus teistega. Te võite teiste vastu lahkust üles näidata sama palju kui teis on kannatlikkust. Te omandate headuse, sest te ei tülitse ega kisenda ega murra rudjutud pilliroogu ja ei kustuta hõõguvat tahti, kui te olete lahke. Head inimesed võivad olla vaimselt ustavad, sest nad on juba vabanenud isekusest.

Pealegi erineb ustavuse määr nende hulgas, kes on ustavad, vastavalt iga inimese südamealale. Mida rohkem on inimeses õrnust, seda suurema ustavuse määra ta omandab. Te võite näha inimese õrnuse määra sellest, kui ta on ustav kogu Jumala koja üle. Ta täidab kodus ja tööl ja teistega osaduses ning koguduses ustavalt kõik oma ülesanded. Seega, Mooses, keda peeti kõige alandlikumaks meheks maa peal, võis olla ustav igas temale usaldatud ülesandes.

Pealegi, kuidas olla täiuslik enesekontrollita? Te peate olema ustav kogu Jumala kojas ja omama enesevalitsust, sest selleta ei ole võimalik olla igas valdkonnas täielikus tasakaalus. Seega ei suuda te enesekontrolli viljata olla ustav kogu Jumala koja üle, isegi siis kui teil on ülejäänud kaheksa Püha Vaimu viljast.

Näiteks, ütleme, et te kohtute sõbraga teises kohas pärast kodugrupi koosolekut. Sõbra suhtes oleks väga viisakusetu kui te viibiksite või muudaksite telefoni teel kohtumise aega, mitte seetõttu, et kodugrupi koosolek lõpeb hiljem, vaid kuna te jääte pärast lõppu teistega vestlema. Samamoodi, kuidas te võite olla ustav kogu Jumala koja üle, kui te ei suuda enesevalitsuse viljata olles väikest lubadust pidada ega niisugust kohustust täita? Te peate aru saama, et te olete üksnes siis ustav kogu Jumala koja üle, kui teie elu on tasakaalus enesevalitsuse vilja abil.

Vaimne armastus, Vaimu vili ja õndsakskiitmised

Õndsakskiitmised tulevad teie elu üle sel määral, mil määral teil on vaimset armastust ja Püha Vaimu vilja ja te kasutate seda. Õndsakskiitmistes viidatakse iseloomule kui astjale ja te võite olla täiesti ustav kogu Jumala koja üle ainult siis, kui õndsakskiitmised tulevad täielikult teie elu üle, kui te tegutsete ja elate täiesti selle alusel, mida te oma südames arendanud olete.

Suure osa Korea ajaloo jooksul võtsid ustavad kuningate nõuandjad iga valitsusasja otsekui oma isiklikku asja. Sedamoodi said need nõuandjad teenida kuningaid ja aidata neil teha õigeid otsuseid, isegi kui see tähendas vahel suurt isiklikku kannatust või isegi surma. Nad ei armastanud vaid oma kuningaid, aga kogu maad, otsekui iseendid ja käitusid vastavalt.

Ühest küljest teenisid ka need ustavad nõuandjad kuningaid lõpuni, riskides isegi oma eluga. Teisalt olid mõned nõuandjad näiliselt kuningatele lojaalsed, aga siis loobusid ja elasid eraldatuses, kui kuningas ei järginud nende siiraid ja korduvaid nõuandeid ja soovitusi. Kuid tõelised kuninglikud nõuandjad ja alamad ei käitunud niimoodi. Nad olid kuningale lõpuni truud, isegi kui kuningas ignoreeris neid ja ei võtnud nende nõuandeid kuulda. Kuningas võis nad kõrvale jätta, nende nõust loobuda või neid põhjuseta häbistada. Aga neil ei olnud kuninga vastu vastakaid tundeid ja nad ei muutnud oma meelt isegi siis kui nad pidid oma elu andma.

Iseloom kui astjas ja inimsüdame iseloom

Selleks, et selgelt mõista, mis tähendab „olla ustav kogu Jumala koja üle," vaatleme esiteks inimese iseloomu kui astjat ja inimsüdame iseloomu.

Inimese iseloom astjana erineb eri inimeste puhul ja sõltub sellest, kui palju see inimene oma südant heaks kasvatab või kui palju ta muudab oma südant õrnaks. Seega, inimastja iseloomu määrab see, kas ta teeb talle öeldu kohaselt või mitte või kas ta kuuletub või mitte.

Mis siis toob sisse märgatava erinevuse inimastja iseloomus?

See sõltub, kui palju ja millise südamega keegi reageerib Jumala Sõnale ja kui palju ta tegutseb selle alusel, mida ta oma südames kalliks peab. Seega hea astjas talletab Jumala Sõna ja mõtleb selle üle oma südame sügavuses nii nagu Maarja tegi: *„Ent Maarja jättis kõik need lood meelde, mõtiskledes nende üle oma südames"* (Luuka 2:19).

Inimsüdame iseloom erineb sellest, kuidas inimene avardab oma mõtlemist, tehes oma kohust või kui asjatundlikult ta kasutab oma mõtlemist oma ülesannete täitmisel. Ma kasutan näiteks erinevaid viise, kuidas inimesed samas olukorras reageerivad ja liigitan inimeste teod, mis lähtuvad eri südameloomustest, nelja kategooriasse.

Esimene isik teeb enam kui tal teha kästi. Näiteks kui vanemad ütlevad lapsele, et ta põrandalt prügi üles korjaks, ta ei puhasta üksnes põrandat, vaid pühib ära ka tolmu, puhastab iga toanurga ja tühjendab prügikasti. See laps toob vanematele rõõmu ja rahulolu, sest ta teeb asju, mis ületavad vanemate ootused. Kui palju ta vanemad teda armastavad? Diakonid Stefanos ja Filippus olid niisugused inimesed. Nad olid eelarvamusteta ja võimelised tegema suuri imetegusid ja imelisi tunnustähti inimeste seas, samamoodi nagu apostlidki (Apostlite teod 6).

Teine inimene teeb vaid niipalju kui teda käsitakse. Näiteks, kui laps võtab vanemate käsul põrandalt vaid prügi üles, võib ta vanematele oma kuulekuse tõttu armas olla, kuid ta ei pruugi neile meelepärane olla.

Kolmas inimene ei tee seda, mida ta tegema peaks. Ta on nii külma südamega ja apaatne, et ta on pahane isegi selle peale, et tal kästi lihtne ülesanne ära teha. Niisugused inimesed, kes väidavad, et nad armastavad Jumalat, aga ei palveta ega kanna

Jeesuse lammaste eest hoolt, kuuluvad sellesse rühma. Ühes Jeesuse tähendamissõnas olid preester ja leviit, kes läksid röövitud mehest mööda, üks ühelt- ja teine teiseltpoolt teed, ka nemad kuuluvad sellesse rühma (Luuka 10). Kuna niisugustel inimestel puudub armastus, võivad nad teha asju, mida Jumal kõige rohkem vihkab, olles kõrgid, rikkudes abielu ja Teda reetes. Viimane isik teeb asjad hullemaks ja tegelikult takistab ülesande täitmist. Parem oleks, kui ta poleks tolle ülesandega üldse tegelema hakanud. Kui laps teeb lillepoti katki, kuna ta on vanemate peale vihane, sest nad käskisid tal prügi üles korjata, kuulub ta sellesse rühma.

Helde süda ja ustavus kogu Jumala koja üle

Nii nagu ma selgitasin inimese iseloomu nelja liigi kohta, võib inimese suurt astjat tunda sellest, et ta teeb oma ülesannet täites rohkem kui temalt eeldatakse. See on nii, kuna astja suurus sõltub sellest, kui palju ta avardab oma mõtlemist ja kui siiralt ta püüab. See on samamoodi koguduses, tööl või kodus midagi tehes.

Seega, kui inimesele antakse teatud ülesanne ja kui ta kuuletub, öeldes selle peale „Aamen," võib teda suureks astjaks pidada. Seda inimest võib tunda kui helde südamega isikut, kui ta ei kuuletu vaid sellele, mida tal teha käsitakse, vaid teeb siira südame ja avara mõtlemisega rohkem kui temalt oodatakse. Selles mõttes seostatakse kogu Jumala koja üle ustav olekut helduse mõõduga. Siirus erineb vastavalt helduse mõõdule.

Vaatleme mõningaid inimesi, kes olid ustavad kogu Jumala

koja üle. 4. Moosese raamatus 12:7-8 võib näha, kui palju Jumal armastas Moosest, kes oli ustav kogu Tema kojas. Neis salmides räägitakse, kui tähtis on olla ustav kogu Jumala koja üle:

> *Nõnda aga ei ole mu sulase Moosesega: tema on ustav kogu mu kojas. Temaga ma räägin suust suhu, ilmsi, mitte nägemuste ja mõistatuste läbi. Ja tema võib vaadata Isanda kuju. Mispärast te siis ei ole kartnud rääkida vastu mu sulasele Moosesele?*

Moosesel ei olnud vaid püsiv armastus ja vankumatu süda Jumala suhtes, vaid tal oli ka samasugune suhtumine oma rahvasse ja perekonda ja ta teostas oma kohustusi, kunagi meelt muutmata. Ta suutis alati esiteks valida Jumala igavesed asjad, mitte oma au ega rikkust ja oli Talle usuga meelepärane. Ta oli nii truu, et ta palus isegi Jumalal säästa oma rahvas kui iisraellased tegid pattu, riskides kaotada oma elu.

Kuidas Mooses reageeris sellele, et inimesed valmistasid kuldvasika kuju ja kummardasid seda, kui ta naasis Jumalalt saadud Kümne Käsu kivitahvliga, pärast neljakümne päeva pikkust paastu? Paljud oleksid selles olukorras öelnud: „Jumal, ma ei suuda neid enam välja kannatada! Palun tee seda, mis Sa nendega teha tahad!"

Aga Mooses palus Jumalalt tõsimeelselt, et Jumal rahva patud andestaks. Ta oli kogu südamest nõus ja valmis lisatagatisena oma elu ohverdama, tundes rahva vastu suurt armastust.

Samamoodi oli usuisa Aabrahamiga. Kui Jumal kavatses hävitada Soodoma ja Gomorra linna, ei mõtelnud Aabraham, et sel polnud temaga midagi tegemist. Selle asemel palus Aabraham, et Jumal säästaks Soodoma ja Gomorra elanikud: *"Vahest on linnas viiskümmend õiget?* Kas tahad siis need hävitada ega taha paigale andeks anda nende viiekümne õige pärast, kes seal on?"* (1. Moosese raamat 18:24)

Siis ta palus, et Jumal halastaks ja ei hävitaks neid linnu, kui seal oli nelikümmend viis õiget ja ta palus Jumalat edasi, et aga kui seal oleks olnud nelikümmend, kolmkümmend viis, kolmkümmend, kakskümmend ja kümme õiget. Viimaks sai Aabraham Jumala lõpliku vastuse: *"Ma ei hävita kümne pärast"* (1. Moosese raamat 18:32). Kuid kaks linna hävisid, sest neis ei olnud isegi kümmet õiget.

Peale selle loobus Aabraham oma valikuõigusest oma vennapoja Loti kasuks, kes valis hea maa, kui maa, kus nad olid elanud, ei suutnud neid enam elatada, sest nende mõlemi vara oli nii suureks kasvanud. Lott valis omale kogu tasandiku, mis tema silmis hea välja nägi ja seadis sammud selle suunas.

Veidi hiljem kaotasid Soodom ja Gomorra sõjas ja paljud võeti vangi, nende hulgas ka Aabrahami vennapoeg Lott. Siis riskis Aabraham oma eluga ja jälitas vaenlast 318 kaaskondlasega, päästis Loti ja teised vangid ja võttis nende vara tagasi.

Sel ajal tervitas Soodoma kuningas Aabrahami ja ütles talle: *"Anna hingelised mulle, aga varandus võta enesele!"* (21. salm) Aga Aabraham ei võtnud röövitust midagi ja ütles: *"Ma ei võta lõngaotsa ega jalatsipaelagi kõigest sellest, mis on sinu oma"* (23. salm). Ta tagastas tõesti kõik Soodoma kuningale (1. Moosese raamat 14:1-24).

Sarnaselt oli Aabrahami suhtumine vääramatu, kui ta kohtus või oli liidus kellegagi, ta ei teinud kellelegi kahju ega tülitanud kedagi. Ta ei trööstinud üksnes inimesi ja ei andnud neile vaid rõõmu ja lootust, vaid ka armastas ja teenis neid siiralt.

Kuidas olla ustav Jumala kogu koja üle

Mooses ja Aabraham olid väga helded inimesed ja nad olid siirad, täiuslikud ja tõesed ning ei jätnud midagi unarusse. Mida tuleks teha, et kogu Jumala koja üle ustav olla?

Esiteks tuleks kõik läbi katsuda ja hoida kinni headusest, Vaimu tuld kustutamata ja prohvetlikke kuulutusi põlastamata. Teiste sõnadega te peaksite headust nägema, kuulama ja sellest mõtlema ja minema vaid headesse kohtadesse.

Teiseks, te peate end salgama ja ohverdama, tundes vaimset armastust jumalariigi ja Tema õiguse vastu. Selle tegemise jaoks tuleb teil patuloomus selle kirgede ja soovidega risti lüüa. Te võite otsustada, mis peaks olema teie elus peamine ja tegema seda, mis on Jumalale meeltmööda, kui te soovite vaimseid asju ja maailm ei seo teid.

Kui te seisate juba usukaljul, peate te tõsiselt püüdma, et teil võiks olla usk Jumalat ülimal määral armastada. Kui teil on usk, et Jumalat ülimal määral armastada, on teil vaja kiiresti minna dimensiooni, kus te võite olla Jumalale meeltmööda, olles ustav kogu Tema koja üle.

Jumalale meelepärase usu omamine on võrreldav kõrgkooli või magistriõppe lõpetamisega. Pärast lõpetamist lähete te maailma ja suudate rakendada koolis õpitut, et selles maailmas edukas olla.

Samamoodi, kui te jõuate neljandale usutasemele, avaneb teie ees sügavam vaimusfäär, sest vaimumaailm on ääretult suur oma sügavuse, pikkuse ja kõrguse poolest.

Kui te jõuate viiendale usutasemele, hakkate te mingil määral Jumala sügavat ja heldet südant mõistma. Te suudate aru saada, kui palju on Jumalal armastust ja kuivõrd armastust, halastust, andestust, lahkust ja headust täis on Jumal. Siis kogete te ka Tema suurt armstust, sest te tunnete, et Isand viibib teiega ja mõte Isandast valmistab teile meeleliigutust.

Seega te peaksite saama väga suuremeelseks inimeseks suurema kuulekuse, pühendumise ja armastusega, teades, et neljandal ja viiendal usutasemel on vaimse armastuse ja ohvri poolest suur vahe sees. Ma loodan samuti, et te saate Jumala käest kõik Temale meelepärase usuga ja et te olete pidevalt palvetades piisavalt õnnistatud, et ilmutada ja teha imetegusid ja tunnustähti.

Ma palun Jeesuse Kristuse nimel, et te võiksite kogeda kõiki Jumala poolt teie jaoks valmistatud õnnistusi!

9. peatükk

Usklikega kaasas käivad märgid

1
Kurjade vaimude välja ajamine
2
Uutes keeltes rääkimine
3
Kätega madude ülesvõtmine
4
Ükski surmav mürk ei tee teile kahju
5
Haiged saavad teie käte pealepaneku kaudu terveks

Kuid uskujaid saadavad
sellised tunnustähed:
minu nimel ajavad nad välja kurje vaime,
räägivad uusi keeli,
tõstavad paljaste kätega üles mürkmadusid,
ning kui nad jooksid midagi surmavat,
ei kahjustaks see neid;
haiged, kellele nad panevad käed peale,
saavad terveks.
(Markuse 16:17-18)

Me näeme, et Jeesus teeb Piiblis palju tunnustähti. Tunnustähti tehakse Jumala väega ja need ületavad inimvõimete piirid. Missugune on esimene Jeesuse tehtud tunnustäht? See on sündmus, kust vesi muutus veiniks Kaana pulmapeol Galileas, nii nagu kirjeldatakse Johannese 2:1-11. Kui Jeesus teadis, et vein oli otsa saanud, ütles Ta, et sulased tooksid kuus kivist purki, mis olid ääreni vett täis. Siis nad võtsid sealt veidi ja viisid selle pulmaülemale ja siis pulmaülem, kes maitses veest tehtud veini, kiitis seda, kuna see maitses hea.

Miks muutis Jumala Poeg Jeesus esimese tunnustähena, mida Ta tegi, vee veiniks? Sellel sündmusel on mitu vaimset tähendust. Galilea Kaana tähistab seda maailma ja pulmapidu tähistab selle maailma lõpuaega, kus inimesed söövad kõhu täis ja joovad end purju ja on täiesti kurjusest rüvetunud (Matteuse 24:37-38). Vesi viitab Jumala Sõnale ja vein Jeesuse Kristuse kallile verele.

Seega, vee veiniks muutmise tunnustäht näitab, et Jeesuse veri Tema ristilöömisel on veri, mis annab inimkonnale igavese elu. Inimesed kiitsid veini selle hea maitse eest. See tähendab, et inimestel on rõõm, kuna nad on Jeesuse vere joomise kaudu oma patud andeks saanud ja nad saavad taevalootuse osaliseks.

Sellest esimesest tunnustähest alates ilmutas Jeesus palju imelisi tunnustähti. Ta päästis sureva lapse; tegi ime, toites viie leiva ja kahe kalaga viistuhat inimest; ajas kurjad vaimud välja;

tegi pimedad nägijaks ja äratas neli päeva surnud olnud Laatsaruse uuesti ellu.

Mis siis oli Jeesuse ülim eesmärk niisuguste tunnustähtede tegemisel? See oli inimeste päästmine, et neil oleks niisugune usk, millest räägitakse Johannese 4:48: *"Te usute mind ainult siis, kui näete tunnustähti ja imetegusid."* Sellepärast isegi täna Jumal, kes peab ühte hinge kallimaks kui kogu universumit, näitab meile palju tunnustähti niisuguste usklike kaudu, kes suudavad oma elu inimeste päästmiseks maha panna.

Nüüd vaatame üksikasjalikult erinevaid tunnustähti, mis kaasnevad nendega, kellel on Jumalale meelepärane usk.

1. Kurjade vaimude välja ajamine

Piiblis räägitakse selgelt kurja vaimu olemasolust, kuigi tänapäeval paljud vaidlevad: „Deemonit pole kusagil." Deemon on Jumala vastane kuri vaim. Tavaliselt tembutab ta inimeste kallal, kes teenivad ebajumalaid ja toob neile katsumusi ja probleeme ja paneb need inimesed veelgi usinamalt ebajumalaid teenima.

Kuid kui teil on tõeline usk, te peaksite kurja vaimu välja ajama ja selle üle valitsema, sest Jeesus ütleb: *"Kuid uskujaid saadavad sellised tunnustähed: minu nimel ajavad nad välja kurje vaime."*

Samuti öeldakse Johannese 1:12: *"Aga kõigile, kes Tema vastu võtsid, andis Ta meelevalla saada Jumala lasteks, neile, kes usuvad Tema nimesse."* Kui häbiväärne oleks kui teie

Jumala lapsena kardaksite kurjasid vaimusid või alistuksite hoopis nende riugastele? Vahel segavad kurjad vaimud vastpöördunud usklikke, kellel puudub vaimne usk, kui nad lähevad palvemäele omaette palvetama. Mõned võivad isegi kurjadest vaimudest vallatud saada, kui nad paluvad Jumala ande ja väge, kuid ei püüa samas oma kurjusest vabaneda.

Seega peaksid vastpöördunud usklikke, kes soovivad palvemäele minna, saatma vaimsed juhid, kes suudavad kurjasid vaimusid Jeesuse Kristuse nimel ära ajada ning siis saab takistamatult palvetada.

Jeesuse Kristuse nimel kurjade vaimude välja ajamine

See on samamoodi jumalasulaste ja koguduse töötegijate jaoks, kui nad koguduseliikmeid külastavad. Nad peaksid esiteks vaimsete asjade eristamise abil kurjad vaimud ära ajama ja siis on külastatavad suutelised oma südant avama ja Jumala armu vastu võtma ning nende sõnumi läbi usku saama. Kuid külastust võidakse häirida kui te külastate koguduseliiget, eelnevalt vaenlast saatanat ära ajamata. Külastatava koguduseliikme süda ei pruugi avatud olla, siis ta ei suuda armu vastu võtta ja tal ei ole usku. See, kelle vaimusilmad on avatud, eristab lihtsalt ära takistavad kurjad vaimud. Mõned on täiesti kurjadest vaimudest vallatud, kuid enamasti on inimesed osaliselt oma mõtetes kurjade vaimude valitsuse all.

Nad käituvad tõe vastaselt, kui saatan nende mõtetes tegutseb, sest neil on ikka nõrk usk või patuloomuse jäägid nagu abielurikkumine, vargus, valetamine, viha, armukadedus ja kadedus. Inimsüdamed võivad muutuda, kui nad kuulevad sõnumit, mida kuulutab jutlustaja, kellel on piisav vaimne vägi, et ajada kurjad vaimud Jeesuse Kristuse nimel minema.

Inimesed parandavad pisarais meelt, sest nende süda on sügavalt liigutatud või nad mõistavad oma pattu, kui jutlustaja edastab Jumalalt saadud väega sõnumit. Nad võivad saada ka tugeva usu ja jõu pattude vastu võitlemiseks. Mõne kuu pärast võivad nad tähele panna, kui palju nende iseloom ja usk on muutunud. Sedamoodi võib isegi nende loomus tõe sees muutuda.

Neljas evangeeliumis te näete, et paljud muutusid oma sisimas olemuses pärast Jeesusega kohtumist. Näiteks, olgugi et apostel Johannes oli esialgu nii keevaline inimene, et teda tuli kutsuda Kõuepojaks (Markuse 3:17), ta muutus ajast, mil ta kohtus Jeesusega ja teda hakati kutsuma „armastuse apostliks."

Samamoodi suudab täie usuga inimene muuta teisi nagu Jeesus tegi. Ta suudab ka Jeesuse Kristuse nimel kurjasid vaimusid välja ajada, sest tal on vägi vaenlase saatana üle valitsemiseks.

Kuidas kurjasid vaimusid välja ajada

Kurjade vaimude väljaajamisel on erinevad juhtumid. Vahel lahkub kuri vaim otsekohe palve peale ja teinekord see ei lahku isegi siis kui sada korda palvetada. Kui keegi, kellel on usk, saab deemonitest vallatud, kuna Jumal pöörab tema vastu oma palge, pärast seda kui see inimene valmistas Talle mingil moel pettumust, saab temas asuvat kurja vaimu kergesti ära ajada, kui ta eest pärast tema pisarais meeleparandust palvetada. See juhtub nii, kuna tal on juba usk ja ta tunneb Jumala Sõna.

Mil juhul on kurjasid vaimusid isegi paljude palvetega raske välja ajada? See juhtub nii, kui kuri deemon on oma valdusesse võtnud usuta inimese, kes ei tunne tõde. Sel juhul ei ole tal lihtne usku omada, kuna ta on kurjast vaimust vallatud, sest kuri on temasse liiga sügavale juurdunud. Tema vabaks tegemiseks peaks keegi aitama tal usku saada, tõde mõista, meelt parandada ja patumüür lammutada.

Samamoodi, kui vanemate elus Kristuses on probleem, võib nende armastatud laps kurjadest vaimudest vallatud saada. Sellisel juhul ei saa laps kurjast vaimust vabaks enne, kui vanemad oma pattudest meelt parandavad, võtavad vastu pääsemise ja seisavad kindlalt usukalju peal.

Samuti on juhtum, kus ollakse mõjutatud pimeduse jõudude poolt. Te võite näha, kuidas keegi elab meeleheitlikku usuelu, sest tal on raske oma südant avada ja maailmalikud mõtted, kahtlus ja väsimus takistavad teda sõnumit kuulamast, isegi kui ta püüab seda tõsiselt teha.

Niisugune juhtum võib aset leida, sest pimeduse jõud võivad töötada perekonnas, kui esiisad teenisid ustavalt ebajumalaid või vanemad olid nõiad või ebajumalakummardajad. Sellest hoolimata lahkub kuri vaim tema kallalt ja tema ja ta pere päästetakse kui ta muutub valguse lapseks, kuulates usinalt Jumala Sõna ja innukalt palvetades.

Jah, Jumal vihkab ebajumalakummardamist nii palju, et Jumala ja ebajumalakummardaja vahel on paks patumüür. Selle tulemusel peaks ta edasi võitlema, et elada tões, kuni patumüür saab alla tõmmatud. Ta saab kiiresti vabaks, sõltuvalt sellest kui tuliselt ta palvetab ja muutub.

Erandkorrad, mil kurjad vaimud ei lahku

Missugustel juhtudel kurjad vaimud ei lahku isegi siis, kui neid Jeesuse Kristuse nimel käskida? Kurjad vaimud ei lahku, kui inimene uskus kord Jumalat, kuid ta südametunnistust põletati otsekui põleva rauaga, pärast seda kui ta Isandast eemale pöördus. Ta ei saa Isanda juurde naasta isegi siis kui ta seda üritab, sest ta hea südametunnistus asendus täielikult valega.

Sellepärast kirjutatakseqi 1. Johannese 5:16: *„On pattu, mis on surmaks: selle kohta ma ei ütle, et tal tuleks paluda."* Teiste sõnadega, ta ei saa Jumalalt vastust ka siis kui ta palub.

Missugune patt viib surma? See on jumalateotus ehk Püha Vaimu vastu rääkimine. See, kes seda pattu teeb, ei saa andeks ei sellel ega tulevasel ajastul. Seega ei või niisugune inimene iialgi saada päästetud, isegi kui ta palvetab lakkamata.

Matteuse 12:31 räägib Jeesus, et Püha Vaimu pilkamist ei anta andeks. Vaimu pilkamine tähendab Püha Vaimu töö häirimist kurja mõtlemisega, tahtlikult kohut mõistes ja hukka mõistes. Jumalateotuse näide on see, kui inimesed mõistavad hukka koguduse, kus Jumala teod aset leiavad ja kutsuvad seda „ketserluseks," väites valet ja koguduse kohta kuulujutte levitades (Markuse 3:20-30).

Jeesus ütles samamoodi Matteuse 12:32: *„Ja kui keegi ütleb midagi Inimese Poja vastu, võib ta saada andeks, aga kui keegi ütleb midagi Püha Vaimu vastu, ei andestata talle ei sellel ega tulevasel ajastul."* Taas meenutab meile Jeesus Luuka 12:10: *„Igaüks, kes ütleb midagi Inimese Poja kohta, saab andeks, aga kes teotab Püha Vaimu, sellele ei anta andeks."*

Igaüks, kes räägib Inimese Poja vastu, kuna ta teeb seda Teda tundmata, saab oma patud andeks. Kuid see, kes Püha Vaimu pilkab ja Tema vastu midagi ütleb, sellele ei anta andeks ja ta läheb surma teed, sest ta takistab Jumala tööd ja teotab Vaimu, isegi kui ta on juba Jeesuse Kristuse ja Püha Vaimu vastu võtnud. Seega ei peaks te tegema jumalapilkamise pattusid Vaimu vastu ja Püha Vaimu vastu rääkides, mõistes, et need patud on liiga tõsised, et õigustada andestust, pääsemisest rääkimata.

Heebrealastele 10:26 öeldakse, et kui inimene patustab tahtlikult edasi, isegi pärast tõetunnetuse saamist, ei jää üle enam ühtegi ohvrit. Ta teab Jumala Sõna kaudu hästi, mis on patt ja ta ei peaks tegema ka kurja.

Aga kui ta teeb ettekavatsetult ja teadlikult pattu, siis muutub ta südametunnistus järkjärgult pattudele tundetuks ja saab otsekui tulise rauaga põletatud. Lõpuks ta hüljatakse, sest ta ei suuda vastu võtta meeleparanduse vaimu.

Veel enam, neile, kes on olnud kord valgustatud ja maitsenud taevast andi, kes on saanud osa Pühast Vaimust ja maitsenud Jumala Sõna headust ja tulevase maailmaajastu väge, ei anta meeleparanduse vaimu pärast nende „äralangemist," sest see võrduks Jumala Poja taas risti löömisega ja Tema avalikuks naerualuseks tegemisega (Heebrealastele 6:4-6).

Niisugustele inimestele, kes on Püha Vaimu saanud, teavad Taeva ja põrgu kohta ja tunnevad Jumala Sõna ning keda ahvatleb ikkagi maailm, langevad ja toovad häbi Jumala aule, ei anta meeleparanduse võimalust.

Välja arvatud mõned ülaltoodud juhtumid, kus Jumal ei saanud teha muud kui oma pale ära pöörata, võite teie valitseda vaenlase saatana ja kuradi üle. Sellepärast peavad kurjad vaimud välja aetud saama, kui te neid Jeesuse Kristuse nimel käsite.

Palvetage lakkamatult, elades samal ajal täieliku tõe sees

Kui palju võib jumalasulane või Jumala töötegija ahastada, kui kurjad vaimud ei lahku isegi siis kui ta annab neile käsu Jeesuse Kristuse nimel? Seega vajate te loomulikult väge, et valitseda vaenlase saatana ja kuradi üle ja teda kontrollida. Selleks, et teha tunnustähti, mis kaasnevad nendega, kes usuvad, peate te jõudma Jumalale meelepärase oleku seisundisse, mitte vaid Jumalat kogu südamest armastades tervenisti tões püsides, vaid ka palavalt ja lakkamatult palvetades.

Veidi pärast koguduse asutamist tuli üks epilepsiahaige noormees Gang-won provintsist minuga kohtuma, pärast seda kui ta oli mu tervendusteenistusest kuulnud. Isegi kui ta arvas, et ta oli Jumalat väga hästi teeninud pühapäevakooli õpetaja ja kooriliikmena, ei püüdnud ta oma pattudest vabaks saada, vaid tegi selle asemel pattu edasi, kuna ta oli äärmiselt üleolev. Selle tulemusel läks tema rüvetunud meelde kuri vaim ja mees kannatas selletõttu tõsiselt.

Tervenemise töö ilmnes, sest isa palvetas oma poja eest siiralt ja pühendunult. Kui ma selgitasin kurja vaimu päritolu ja ajasin selle palve teel välja, kukkus noormees teadvusetult selili ja haisev vaht kattis ta suu. Noormees naasis koju pärast seda, kui ta oli mu koguduses Jumala Sõnaga relvastunud ja temast sai uus inimene Kristuses. Hiljem kuulsin ma, et ta teenis ustavalt oma kogudust ja tunnistas oma tervenemisest.

Lisaks on tänapäeval paljud saanud vabaks kurjadest vaimudest või aja ja ruumi välistest pimeduse jõududest

palverätiku kaudu, mille eest ma olen palvetanud.
Ükskord peksid vanemate klasside õpilased ja keskkooli esimese aasta ajal tema sõbraks olnud ühte noormeest Ul-sanist, Kyungnami provintsist, sest ta keeldus nendega suitsetamast. Selle tulemusena oli noormees tõsises ahastuses ja muutus lõpuks kurjadest vaimudest seestunuks ja pandi seitsmeks kuuks vaimuhaiglasse. Kuid ta vabanes kurjast vaimust, pärast palverätiku saamist, mille eest ma olin palvetanud. Ta tervis taastus ja ta on nüüd väärtuslik töötegija oma koguduses.
Niisugused teod leiavad aset ka välismaal. Näiteks Pakistanis kannatas üks ilmalik mees neli aastat kurja vaimu tõttu, kuid ta sai sellest vabaks palverätiku kaudu, mille eest oli palvetatud ja ta võttis vastu Püha Vaimu ja võõrastes keeltes rääkimise anni.

2. Uutes keeltes rääkimine

Teine tunnustäht, mis kaasneb nendega, kes usuvad, on uute keelte rääkimine. Mis on täpselt uute keelte rääkimine?
1. Korintlastele 14:15 öeldakse: *„Kuidas siis nüüd? Ma tahan palvetada vaimus, aga tahan palvetada ka mõistusega, tahan laulda vaimus, aga tahan laulda ka mõistusega."* Te võite näha, et vaim erineb mõtlemisest. Missugune on siis vaimu ja mõtlemise erinevus?
Südames on kahtliiki mõtlemist: tõene mõtlemine ja vale mõtlemine. Tõemeel on vaim, aus mõtlemine. Vale mõtlemine on liha, must mõtlemine. Pärast Jeesuse Kristuse vastuvõtmist on teie süda täidetud vaimuga sel määral, mil te palvetate ja vabanete pattudest, Jumala Sõna alusel elades, sest vale saab

samal määral välja juuritud.

Lõpuks täitub te süda vähehaaval vaimuga ja teisse ei jää valet, kuni te jõuate neljandale usutasemele, kus te armastate Jumalat ülimal määral. Pealegi, kui teil on Jumalale meelepärane usk, on teie süda täielikult vaimu täis ja seda kutsutakse „terveks vaimuks." Selles staadiumis on teie mõtlemine vaim ja vaim on teie mõtlemine.

Uutes keeltes rääkimine

Kui niisugune vaim teie sees palub Jumalat Püha Vaimu õhutusel, kutsutakse seda „palveks keeltes." Palve keeltes on teie ja Jumala vaheline vestlus ja seega on see äärmiselt kasutoov teie elu jaoks Kristuses, sest vaenlane saatan ei suuda seda pealt kuulata.

Võõraste keeltega rääkimise and antakse tavaliselt Jumala lapsele, kui ta palub siiralt Püha Vaimu täiuses. Jumal tahab seda andi igale oma lapsele anda.

Kui te palvetate tuliselt keeltes, olete te võimelised teadmatult keeltes laulma, tantsima või isegi Püha Vaimu õhutusel rütmiliselt liikuma. Isegi need, kes tavaliselt väga hästi ei laula, laulavad hästi ja isegi need, kes tavaliselt hästi ei tantsi, tantsivad paremini kui professionaalsed tantsijad, sest Püha Vaim valitseb isikut täielikult.

Pealegi võib eri keeltes rääkimise teel saada uusi vaimseid kogemusi kui minna edasi sügavamale tasemele. Seda kutsutakse „uutes keeltes rääkimiseks." Te suudate uutes keeltes rääkida kohe, kui te palvetate keeltes viiendal usutasemel.

Vaenlase saatana väljaajamiseks piisavalt vägev

Keeltes rääkimine on nii vägev, et vaenlane saatan kardab seda ja lahkub. Oletame, et te kohtate murdvarast, kes tahab teid noaga pussitada. Sel hetkel suudab Jumal panna teda meelt muutma või panna ingli tema kätt kangestama, kui te palvetate uutes keeltes.

Samuti kui te tunnete end rahutult või tunnete, et te tahaksite palvetada teel kusagile, tuleb see tunne sellest, et Jumal sunnib te meelt Püha Vaimu kaudu; Ta teab juba eelootavast õnnetusest.

Sellepärast, kui te palvetate, kuuletudes Püha Vaimu tööle, suudate te takistada ootamatut õnnetust või avariid, sest vaenlane kurat jätab teid ja Jumal juhatab teid nii, et halba vältida.

Seega kaitseb teid uute keelte rääkimine ja võib takistada katsumusi ja raskusi kodus, tööl või ettevõtmistes või igal pool, laskmata vaenlasel saatanal ja kuradil asjadesse sekkuda.

3. Kätega madude ülesvõtmine

Kolmas tunnustäht, mis kaasneb usklikega, on kätega madude ülesvõtmine. Mida tähistab siis „madu"?

Vaadakem 1. Moosese raamatut 3:14-15:

„Siis Isand Jumal ütles maole: Et sa seda tegid, siis ole sa neetud kõigi koduloomade ja kõigi metsloomade

seas! Sa pead roomama oma kõhu peal ja põrmu sööma kogu eluaja! Ja ma tõstan vihavaenu sinu ja naise vahele, sinu seemne ja tema seemne vahele, kes purustab su pea, aga kelle kanda sa salvad."

See on stseen, kus madu neetakse Eeva ahvatlemise pärast. Siin tähistab „naine" vaimselt Iisraeli ja „tema seeme" Jeesust Kristust. Niisiis, naise seemne poolt „mao[pea purustamine]" tähendab, et Jeesus Kristus võidab vaenlase saatana ja kuradi surma meelevalla. Sõnad „madu salvab ta kanda" kuulutab ette, kuidas vanelane saatan ja kurat Jeesuse risti lõid.

Samuti on väga ilmne, et „madu" tähistab vaenlast saatanat ja kuradit, kuna Johannese ilmutus 12:9 on kirjas: *„Suur lohe heideti välja, see muistne madu, keda hüütakse Kuradiks ja Saatanaks, kes eksitab kogu ilmamaad – ta heideti maa peale ja tema inglid heideti koos temaga."*

Seega tähendab „madude ülesvõtmine," et te eraldate vaenlase saatana vaenu ja hävitate selle Jeesuse Kristuse nimel.

Saatana sünagoogi hävitamine

Johannese ilmutusest leiame me järgmised salmid:

Ma tean su viletsust ja vaesust – kuid sa oled rikas – ning nende teotamist, kes ütlevad end olevat juudid, kuid ei ole seda, vaid on saatana sünagoog (2:9).

Ennäe, ma annan saatana sünagoogist mõned, kes nimetavad endid juutideks, kuid ei ole seda, vaid *valetavad. Ennäe, ma teen, et nad tulevad ja kummardavad sinu jalge ette ning saavad aru, et mina olen sind armastanu*d (3:9).

Siin tähendavad „juudid" Jumala valitutena vaimselt kõiki, kes Jumalat usuvad. Need, „kes end juutideks nimetavad" tähistavad inimesi, kes takistavad Jumala tööd, selle üle kohut mõistes ja seda laimates põhjusel, et Jumala teod ei sobi nende mõtetega ja nad vihkavad ja virisevad kadedusest ja armukadedusest.

„Saatana sünagoog" tähendab kahte või enamat inimest kogunemas ja teistest halba või valet rääkimas ja koguduses probleeme tekitamas. Mõned inimesed, kes nurisevad, rikuvad paljusid ja siis rajatakse lõpuks saatana sünagoog.

Muidugi tuleb koguduse arengu jaoks konstruktiivseid soovitusi ja ettepanekuid aktsepteerida. Kuid tegu on saatana sünagoogiga, kui mõned koguduseliikmed võitlevad jumalasulase vastu ja lõhestavad kogudust usutava põhjuseta ja moodustavad tõe vastu rühmituse.

Kuigi kogudused peaksid olema täis armastust ja pühadust ja olema üks tões, on palju kogudusi, kus saatana sünagoogi tõttu palve ja armastus jahtuvad, ärkamine lõpeb üldse ja selle tulemusel ei püsi jumalariik kindlalt.

Kuid saatana sünagoog ei saa oma väega mõju avaldada kui seda eristatakse Jumalale meelepärase viienda tasandi usuga.

Minu koguduses ei ole rajamisest saadik olnud saatana sünagoogi. Mu teenistuse alguspäevadel muidugi võis see mõnede kaudu juhtuda, kelle mõtteid valitses saatan, sest koguduseliikmed ei olnud veel tõega relvastunud.

Aga Jumal lasi mul igal hetkel sellest teada ja see sõnumiga hävitada. Sel moel võideti igasugune saatana sünagoogi moodustamise püüd. Tänapäeval on mu koguduseliikmed suutelised selgelt tõde valest eristama. Need, kes tulid salaja kogudusse, et seal saatana sünagoogi moodustada, lahkuvad või parandavad meelt, sest mõnedel nende seast säilub ikkagi hea süda. Samamoodi ei saa saatana sünagoogi moodustada, kui keegi ei tegutse sellega kooskõlas.

4. Ükski surmav mürk ei tee teile kahju

Neljas märk, mis kaasneb usklikega, on see, et kui nad joovad surmavat mürki, ei tee see neile mingit kahju. Mida see täpselt tähendab?

Apostlite teod 28:1-6 on juhtum, kus apostel Paulust hammustas Malta saarel madu. Saareelanikud ootasid, et ta paistetaks üles või langeks äkki surnult maha, kuid see ei mõjutanud teda kuidagi. Pärast seda ootasid nad kaua ja nägid, et Paulusega ei juhtunud midagi ebaharilikku, siis saareelanikud muutsid meelt ja ütlesid, et ta oli jumal (6. salm). See juhtus nii, kuna Paulusel oli täielik usk, seega isegi maomürk ei suutnud talle kahju teha.

Isegi kui madu teid hammustab

Täieliku usuga inimesed ei haigestu ega saa pisikute, viiruse, ega mürgiinfektsiooni isegi siis kui nad viimast kogemata tarbima peaksid, sest Jumal põletab mürgi Püha Vaimu tulega.

Aga kui nad seda tahtlikult joovad, ei saa neid kaitsta, sest see tähendab, et nad kavatsevad Jumalat läbi katsuda. Talle ei ole vastuvõetav see, kui keegi Teda läbi katsub, välja arvatud kümnise asjus. Kuid te võite süüa mürki toidu mürgitamise teel, mida tehti teadlikult teie kahjustamiseks.

Veel enam, meesterahvas võib anda naisterahvale joogi, mis sisaldab unerohtu, et teda ahvatleda või kedagi eetriga uimastada, et röövida või temalt raha varastada. Isegi nendes olukordades kaitstakse seda, kellel on täielik usk ja ta ei saa viga, sest Püha Vaimu tuli neutraliseerib need mürgid.

Püha Vaimu tuli põletab igasuguse mürgi

Kui ma jõin teoloogiaseminari kolmanda aasta lõpus oma esimeseks äratuskoosolekuks ettevalmistumise ajal jooki, tundsin ma teravat valu kõhus. Ma tundsin kergendust, pärast seda kui ma panin oma käed kõhu peale ja palvetasin ja ma tühjendasin oma soolikad kõhulahtisuse tõttu. Ma sain alles järgmisel päeval teada, et jook sisaldas mürgiseid aineid.

Kord olin ma palvetamas Jochiwons, Choongchungi provintsis. Koha lähedal, kus ma viibisin, asus ülikool ja seal olid sageli üliõpilaste demonstratsioonid ja politsei kasutas nende mahasurumiseks pisargaasi. Isegi kui mind ümbritsevatel inimestel olid tugevad hingamisraskused, ei kogenud ma midagi taolist.

Mu teenistuse alguspäevadel elas mu perekond kogudusehoone keldrikorrusel. Sel ajal kasutasid Korea inimesed kütmiseks briketti. Mu pere kannatas õhuringluse puudumise tõttu palju vingugaasi pärast. Ometi ei kannatanud mina kunagi mürgise gaasi tõttu. Püha Vaim lahustab otsekohe igasugused mürkained, isegi kui need sisenevad inimesesse, kellel on Jumalale meelepärane usk, kui Püha Vaim oma täiuses liigub inimkeha sees ja ümber.

5. Haiged saavad teie käte pealepaneku kaudu terveks

Viies tunnustäht, mis käib kaasas usklikega, on see, et kui nad panevad haigete peale oma käed, saavad haiged terveks. Jumala armu läbi järgnes see tunnustäht mulle isegi enne mu teenistuse algust. Pärast mu koguduse rajamist on arvukad inimesed saanud terveks ja Jumalat austanud.

Tänapäeval palvetan ma haigete eest ainult lavalt, kuna ma ei saa iga koguduseliikme peale käsi panna. Kuid paljud haiged on saanud terveks ja paljud on saatnud palve teel oma jõuetusest terveks ja tugevaks.

Sellele lisaks tervenesid inimesed igas maikuus kuni 2004. aastani toimunud iga-aastase kahenädalase äratuskoosoleku ajal erinevatest haigustest, alates leukeemiast ja halvatusest kuni vähkideni. Peale selle hakkasid pimedad nägema, kurdid kuulma ja jalust vigased käima. Nende hämmastavate Jumala tegude kaudu kohtusid arvukad inimesed elava Jumalaga.

Kuid miks leidub veel inimesi, kes ei saa vastuseid ka siis kui nad on keset Püha Vaimu lõõmavad tegusid, kus pisikud põlevad ja haiged ja nõrgad tervenevad niisugusel viisil?

Esiteks tuleb meeles pidada, et keegi ei saa terveks kui ta laseb enda eest palvetada, aga ei usu ise. See on üksnes sobiv, et ta ei saa usku omamata vastust, sest Jumal töötab iga inimese usu kohaselt. Teiseks, kui kellegi elus on patumüür, ei saa ta ka usku omades terveks. Sel puhul saab ta palve peale terveks ainult siis, kui ta parandab oma pattudest meelt ja naaseb Jumala juurde.

Te peate veel ühte asja teadma: isegi kui haige kellegi kaudu terveks saab, ei saa toda inimest pidada viiendale usutasemele jõudnuks. Teie kaudu võivad inimesed terveneda kui teil on tervendusand ka siis kui te olete kolmandal usutasemel.

Peale selle, Püha Vaimuga täidetud teisel usutasemel olija kaudu saavad inimesed sageli terveks, sest ta võib minna veidikeseks neljandale või viiendale usutasemele. Pealegi on õige inimese palve või armastusepalve nii vägev ja tõhus, et Jumala töö võib ilmsiks saada (Jakoobuse 5:16).

Samal ajal on niisugused juhtumid piiratud. Inimesed võivad terveneda pisikutest või viirustest tekitatud haigustest nagu kerged haigused, vähid ja tiisikus, kuid nad ei suuda saavutada niisuguseid suuri Jumala tegusid nagu jalust vigaste kõndima või pimedate nägema hakkamine.

Isegi kui kurjad vaimud aeti välja armastusepalve või tervendusanniga, on üsna tõenäoline, et kurjad vaimud naasevad veidi aja pärast. Aga kui viiendal usutasemel olija ajab kurjad vaimud ära, ei saa nad naasta.

Vastavalt, teid peetakse viiendal usutasemel olijaks ainult siis, kui te suudate täielikult näidata neid viit liiki tunnustähti koos. Sellele lisaks kui te olete selles staadiumis, suudate te näidata palju võimsamat meelevalda, väge ja Püha Vaimu ande.

Praegusel ajal kui paljud inimesed on täielikult määritud kurjast ja patust, on neil tõenäoliselt usk ainult siis, kui nad näevad rohkem vägevaid imetegusid ja tunnustähti kui Jeesuse ajal elanud inimesed.

Sellepärast tahab Jumal, et Ta lapsed ei saaks vaid vaimset ja täielikku usku, vaid näitaks ka tunnustähti, mis järgnevad usklikele, et nad võiksid juhtida arvukad inimesed pääsemise teele.

Te peaksite püüdma saada jõudu, meelevalda ja väge, teades, et te suudate teha seda, mida tegi Jeesus ja isegi suuremaid asju kui Tema teod, kui teil on Jumalale meelepärane Kristuse usk.

Ma palun Jeesuse Kristuse nimel, et te suurendaksite niisuguse usuga jumalariiki palju ja saaksite Tema õigsuse, niipea kui te suudate ja säraksite igavesti taevas kui päike!

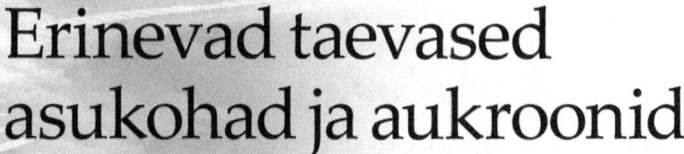

10. peatükk

Erinevad taevased asukohad ja aukroonid

1
Taevasse saab ainult usu teel
2
Taevariik on vägivalda kannatanud
3
Eri asukohad ja aukroonid

Teie süda ärgu ehmugu!
Uskuge Jumalasse ja uskuge minusse!
Minu Isa majas on palju eluasemeid.
Kui see nõnda ei oleks, kas ma siis oleksin teile öelnud,
et ma lähen teile aset valmistama.
Ja kui ma olen läinud ja teile aseme valmistanud,
tulen ma jälle tagasi ja võtan teid kaasa enese juurde,
et teiegi oleksite seal, kus olen mina.

(Johannese 14:1-3)

Olümpial osalevale sportlasele on kuldmedali võitmine kindlasti liigutav hetk. Kuldmedali võitmine ei tulnud ta jaoks juhuslikult, vaid pärast pikajalist ebainimlikku treeningut oskuste täiustamiseks ja oma harrastustest või lemmiktoidust loobumist. Ta suutis kogu rasket treeningut taluda, kuna tal oli tugev soov kuldmedal saada ja ta teadis, et tema jõupingutus saab kena tasu.

Samamoodi on meie, kristlastega. Me peame vaimses võidujooksus taevariigi eest võitlema head usuvõitlust, oma ihu vaos hoidma ja tegema selle oma orjaks, et me võiksime saada ülima autasu võitjaks. Selle maailma inimesed annavad endast kõik, et saada maailma autasusid ja au. Mida siis teie peaksite tegema, et saada igavese taevariigi autasu ja au?

Pühakirjas kirjutatakse 1. Korintlastele 9:24-25: „*Eks te tea, et kes võidu jooksevad, need jooksevad küll kõik, kuigi auhinna saab vaid üks? Jooske nõnda, et teie selle saate! Ent iga võistleja on kasin kõiges; nemad küll selleks, et saada närtsivat pärga, aga meie, et saada närtsimatut.*"

See salm julgustab teid, et te oleksite enesevalitsusega kõiges ja jookseksite järelejätmatult, igatsedes au, mille te saate üsna varsti.

Uurime üksikasjalikult, kuidas te võite aulist taevariiki saada ja kuidas te võite saada paremasse taevasesse elukohta.

1. Taevasse saab ainult usu teel

On palju inimesi, kes ei tea isegi au ja võimu, rikkust ja edu ja palju tarkust omades, kust on inimene pärit, mis on ta elu eesmärk ja kuhu ta läheb. Nad arvavad lihtsalt, et inimesed söövad, joovad, käivad koolis, töötavad, abielluvad ja elavad pärast oma sündi, kuniks neist saab pärast surma peotäis põrmu.

Kuid jumalarahvas, kes Jeesuse Kristuse vastu võttis, ei mõtle nii. Nad teavad, et Jumal on nende tõeline Isa, kes neile elu annab, set nad usuvad, et Tema lõi esimese inimese Aadama ja andis talle eluseemne, et ta võiks järglasi saada. Seega nad elavad Jumala austuseks, süües, juues või midagi tehes, sest nad teavad, miks Jumal inimsed lõi ja lasi neil selles maailmas elada. Nad elavad ka Jumala tahte kohaselt, sest nad teavad, kuidas neid päästetakse ja kuidas igavest elu saada või kuidas saadakse igaveses põrgutules karistatud.

Need, kellel on usk, on Jumala lapsed, kelle kodakondsus on Taevas. Ta tahab, et nad teaksid selgelt taevariigi kohta ja saaksid täis lootust oma sealse kodu suhtes, sest mida rohkem inimesi teavad selgelt taevariigist, seda aktiivsemalt võivad nad selles elus usuga elada.

Te võite saada Taevasse vaid usuga ja seega ainult need, kes pääsevad usu läbi, lõpetavad seal. Isegi siis kui teil on suur rahasumma ja kogu au ja vägi, ei saa te sinna oma jõuga. Ainult need, kes saavad Jeesuse Kristuse vastuvõtmise kaudu Jumala laste õiguse ja kes Tema Sõna järgi elavad, võivad minna Taevasse ja kogeda igavest elu ja õnnistusi.

Pääsemine Vana Testamendi ajal

Kas see tähendab, et need, kes ei tea Jeesusest midagi, ei saa päästetud? Ei, asjad ei ole nii. Kuna Vana Testamendi aeg oli Käsuseaduse aeg, said inimesed päästetud sõltuvalt sellest, kas nad elasid Seaduse ehk Jumala Sõna alusel või mitte. Kuid Uue Testamendi ajal, pärast seda kui Ristija Johannes tuli siia maailma ja tunnistas Jeesusest Kristusest, pääsesid inimesed usu kaudu Jeesusesse Kristusesse.

Isegi meie ajal võib olla inimesi, kes ei ole Jeesust Kristust vastu võtnud, sest neil ei ole veel olnud võimalust Temast kuulda. Niisuguste inimeste üle mõistetakse kohut nende südametunnistuse alusel (palun lugege selle kohta rohkem raamatust Risti Sõnum). Tänapäeval näib, et paljud inimesed tõlgendavad Jumala tahet päästmise kohta valesti. Nad mõistavad vääriti, et nad võivad saada päästetud vaid siis kui nad oma usku oma huultega tunnistavad ja ütlevad: „Ma usun, et Jeesus Kristus on minu Päästja," sest Uue Testamendi ajal annab Jumal neile armu pääsemiseks Jeesuse Kristuse kaudu. Need inimesed arvavad, et nad ei pea Tema Sõna alusel elama ja patu tegemine ei ole suur probleem, kuid see on täiesti vale.

Mida siis tähendab olla päästetud tegude läbi Vana Testamendi ajal või usu läbi Uue Testamendi ajal?

Jeesus ei tulnud siia maailma, et päästa neid, kes ei ela Jumala Sõna alusel; Ta tuli, et juhatada inimesed Jumala Sõna alusel elama mitte üksnes tegudes, vaid ka nende südames.

Sellepärast kuulutas Jeesus Matteuse 5:17: *„Ärge arvake, et ma olen tulnud Seadust või Prohveteid tühistama. Ma ei ole tulnud neid tühistama, vaid täitma."* Ta tuletab ka meelde, et kui keegi teeb oma südames pattu, peetakse teda juba pattu sooritanuks: „*Te olete kuulnud, et on öeldud:* „*Sa ei tohi abielu rikkuda! Aga mina ütlen teile: Igaüks, kes naise peale vaatab teda himustades, on oma südames temaga juba abielu rikkunud*" (Matteuse 5:27-28).

Pääsemine Uue Testamendi ajal

Vana Testamendi ajal ei peetud kedagi, kes oma südames abielu rikkus, patustanuks, kui ta seda tegelikult ei teinud. Teda peeti patuseks, kui ta tegelikult abielu rikkus. Selle tulemusena viskasid inimesed ta surnuks ainult siis, kui ta tegelikult abielu rikkus (5. Moosese raamat 22:21-24). Samamoodi ei pääsenud Vana Testamendi ajal keegi, kes oli südames väga kuri või õel, kavatses oma südames kedagi tappa või midagi varastada, kuid ei väljendanud niisugust kavatsust tegudes, kuna ta mõisteti patus süüdi.

Vaatame siis 1. Johannese 3:15, et mõista, mis tähendab Uues Testamendis usu kaudu päästetud saamine: „*Igaüks, kes vihkab oma venda, on mõrvar, ja te teate, et ühelgi mõrvaril ei ole igavest elu, mis temasse jääks.*"

Uue Testamendi ajal, isegi kui tegudes pattu ei tehta, ei ole pääsemist, kui südames pattu tehakse, sest see võrdub südamevälise patutegemisega.

Seega kui kellegil on Uue Testamendi ajal kavatsus varastada, on ta juba varas ja kui keegi vaatab naist ihaldavalt, on ta juba abielurikkuja ja kui keegi vihkab oma venda ja tal on kavas teda tappa, ei ole ta mõrvarist parem. Kui te teate seda selgelt, peate te pääsemist vastu võtma, näidates Jumalale oma usku tegudes, ilma südames patustamata.

Visake minema patuloomuse teod ja soovid

Piiblist leiab sageli termineid nagu „patuloomus," „liha," „lihasse puutuv," „liha teod," „patuihu" ja nii edasi. Sellest hoolimata on väga raske leida neid, kes teaksid nende terminite tõelist tähendust isegi usklike hulgas.

Sõnaraamatu alusel ei ole „liha" ja „ihu" alusel erinevust, kuid Piibli alusel on neil erinev vaimne tähendus. Nende terminite vaimse tähenduse mõistmiseks tuleb esiteks tunda protsessi, mille kaudu patt inimesse tuli.

Esimene inimene, kes oli elav vaim, oli vaimne inimene, kelles ei olnud valet, sest Jumal oli teda vaid elu tundma õpetanud. Teda tabas surm, kui ta tegi sõnakuulmatuse pattu, võttes hea ja kurja tundmise puust vilja, sest ta ei pidanud oma mõtetes Jumala käsku (Roomlastele 6:23).

Kuna vaim, mis etendas tema peremehe osa, suri, ei suutnud Aadam enam Jumalaga suhelda. Selle asemel pidi ta looduna kartma Loojat Jumalat ja Tema käske täitma, kuid ta ei suutnud niiviisi enam isegi inimese täiskohust täita. Ta aeti välja Eedeni aiast ja ta pidi selles maailmas elama pisarais, kurvana, kannatades haigusi ja surma. Tema ja ta järeltulijad hakkasid patustama, kuna nad muutusid järkjärgult sugupõlvede kaupa kurjaks.

Selles patuga rikutuks muutumise protsessis, kui inimene minetab Jumalalt esialgu saadud elu tundmise, kutsutakse seda olekut „ihuks" ja kui patuomadused ühendatakse selle „ihuga," kutsutakse seda „lihaks."

Seega on „liha" üldine termin, mis viitab nähtamatutele, kuid varjatud omadustele inimsüdames, mis võivad kujuneda tegudeks, isegi kui neid tegelikult ellu ei viida. Veel enam, kui liha üksikasjalikeks omadusteks jagada ja liigitada, me nimetame neid „liha himudeks."

Näiteks on niisugused iseloomuomadused nagu kadedus, armukadedus ja vihkamine nähtamatud, kuid need võivad tegelikult ilmneda igal ajal, kui need südames püsivad. Sellepärast peab ka Jumal neid pattudeks.

Niimoodi, kui te ei saa vabaks liha himudest ja kui liha himud ilmnevad tegudes, kutsutakse neid „liha tegudeks." Vastupidi, kui patuloomuse üksikasjalikud teod koondada, kutsutakse neid „lihaks."

Teiste sõnadega, kui me jagame liha üksikasjalikeks tegudeks, me kutsume neid tegusid „liha tegudeks." Kui teil on kavatsus kedagi peksta, kuulub niisugune süda „liha himude" hulka ja kui te tegelikult toda inimest peksate, on tegu „liha teoga."

Mis on „liha" tegelik vaimne tähendus 1. Moosese raamatu 6:3 määratluse alusel?

Aga Isand ütles: „Minu Vaim ei pea igavesti jääma inimesse, sest ta on ikkagi ainult liha."

See salm meenutab, et Jumal ei taha olla igavesti inimestega, kes ei ela Tema Sõna alusel, vaid teevad patte ja muutuvad „lihaks."

Aga Piiblis öeldakse, et Jumal oli igal ajal vaimsete inimestega nagu Aabraham, Mooses, Eelija, Noa ja Taaniel, kes otsisid vaid tõde ja elasid Jumala Sõna järgi. Seega, teades, et lihalikud inimesed, kes ei ela Jumala Sõna alusel, ei saa päästetud, peaksite te püüdma kiiresti vabaks saada mitte üksnes liha tegudest, vaid ka liha himudest.

Lihalik inimene ei päri jumalariiki

Kuna Jumal on armastus, annab Ta lasteks saamise õiguse ja Püha Vaimu anni neile, kes saavad aru, et nad on patused, parandavad pattudest meelt ja võtavad Jeesuse Kristuse oma Päästjaks vastu. Kui te võtate vastu Püha Vaimu anni ja Püha Vaimu kaudu sünnib teie sisse vaim, elustub teie surnud vaim.

Seega te suudate vastu võtta pääsemist ja teil on igavene elu, sest te ei ole enam lihalik, vaid vaimne inimene. Aga kui te elate edasi liha tegusid tehes, teid ei päästeta, sest Jumal ei ole teiega.

Liha teod määratletakse üksikasjalikult Galaatlastele 5:19-21:

> *Lihaliku loomuse teod on ilmsed, need on: hoorus, rüvedus, kõlvatus, ebajumalateenistus, nõidus, vaen, riid, kiivus, raevutsemine, isemeelsus, lõhed, lahknemised, kadetsemine, purjutamised, prassimised ja muu säärane, mille eest ma teid hoiatan, nagu ma varemgi olen hoiatanud, et need, kes midagi niisugust teevad, ei päri Jumala riiki.*

Jeesus räägib samuti Matteuse 7:21: „*Mitte igaüks, kes mulle ütleb:* „*Isand, Isand,*" *ei saa taevariiki; saab vaid see, kes teeb mu Isa tahtmist, kes on Taevas.*" Pealegi tahab Jumal, kes ütleb meile Piiblis korduvalt, et ebaõiglased, kes ei ela Tema tahte järgi, vaid teevad liha tegusid, ei saa Taevasse, et igaüks saaks päästetud üksnes usu kaudu ja jõuaks Taevasse.

Kui te tahate usu kaudu pääsemist vastu võtta

Roomlastele 10:9-10 öeldakse: *"Kui sa oma suuga tunnistad, et Jeesus on Isand, ja oma südames usud, et Jumal on Ta üles äratanud surnuist, siis sind päästetakse, sest südamega usutakse õiguseks, usuga aga tunnistatakse päästeks."*

Usk, mida Jumala teie jaoks tahab, on niisugune, mida te südames usute ja suuga tunnistate. Teiste sõnadega, kui te tõesti usute oma südames, et Jeesusest sai teie Päästja pärast Tema ristiöömist kolmandal päeval ülestõusmise teel, olete te õigeks tehtud pattudest vabaks saamise ja Jumala Sõna kohaselt elamise kaudu. Kui te oma suuga tunnistate ja elate niimoodi Tema tahte järgi, saate te päästetud, sest teie tunnistus on tõene.

Sellepärast kirjutatakse Roomlastele 2:13: *"Jumala ees ei ole ju õiged Seaduse kuuljad, vaid Seaduse täitjad, kes mõistetakse õigeks."* Pühakirjas räägitakse ka Jakoobuse 2:26: *"Sest nii nagu ihu ilma vaimuta on surnud, nõnda on surnud ka usk ilma tegudeta."*

Te võita näidata oma usku tegudes ainult siis, kui te usute südames Jumala Sõna, mitte kui te talletate seda teadmisekillukesena. Kui teadmised on te südamesse istutatud, järgnevad neile ka teod.

Seega, kui te ennem vihkasite, võite te muutuda inimeseks, kes armastab teisi. Kui te olite varas, võite te muutuda inimeseks, kes ei varasta enam. Kui te ikka elate pimeduses ja armastate seda maailma ja tunnistate oma usku vaid oma suuga, on teie usk surnud, sest sellel ei ole midagi päästemisega tegemist.

Samuti on kirjas 1. Johannese 1:7: *„Aga kui me käime valguses, nõnda, nagu Tema on valguses, siis on meil osadus omavahel ning Jeesuse, Tema Poja veri puhastab meid kogu patust."*

Kui tõde on teie sees, siis te käite loomuomaselt valguses, sest te elate tõe järgi. Usk teie südames teeb teid õigeks, kui te jätate pimeduse ja tulete valgusesse pattudest vabanemise teel. Vastupidiselt, kui te elate ikka pimeduses ja teete pattu ja kurja, te valetate Jumalale. Seega te peaksite saama kiiresti usu, millega kaasnevad teod.

Te peaksite valguses käima

Jumal käsib meil võidelda patu vastu verevalamiseni (Heebrealastele 12:4), kuna Ta tahab, et me oleksime täiuslikud, nõnda nagu Tema on täiuslik (Matteuse 5:48) ja pühad, nii nagu Tema on püha (1. Peetruse 1:16).

Vana Testamandi ajal pääsesid inimesed vaid siis kui nende teod olid täiuslikud; nad ei pidanud oma südames pattudest vabaks saama, sest inimolenditel oli võimatu oma jõuga pattudest vabaneda.

Kui te pattudest ise vabaks saada suudaksite, ei oleks Jeesus lihas tulema pidanud. Aga kuna te ei suuda patuprobleemi lahendada ega saa oma oskuste ega jõu kaudu päästetud, löödi Jeesus risti ja Ta annab igaühele, kes seda usub, Püha Vaimu anni ja viib selle inimese päästmisele.

Niimoodi saab Püha Vaimu abil vabaneda igasugusest kurjusest ja jumaliku loomuse osaliseks, kuna siis kui Püha Vaim tuleb teie südamesse, teeb Ta teid teadlikuks patust, õigsusest ja kohtumõistmisest.

Seega ei tohiks te üksnes rahul olla Jeesuse Kristuse vastuvõtmisega, vaid selle asemel innukalt palvetama, igasugusest kurjusest vabanema ja elama Püha Vaimu abil valguses, kuni te suudate osa saada jumalikust loomusest.

Taevasse saamiseks on ainukeseks teeks vaimne usk, millega kaasnevad teod, nii nagu kirjutatakse Matteuse 7:21: „*Mitte igaüks, kes mulle ütleb: „Isand, Isand!"*, *ei saa taevariiki; saab vaid see, kes teeb mu Isa tahtmist, kes on taevas.*" Te peate samuti parimat andma, et te jõuaksite isa usuni, sest taevaseid asukohti määratakse iga inimese usumõõdu järgi.

Ma loodan, et te saate osa jumalikust loomust ja te saate Uude Jeruusalemma, kus asub Jumala aujärg.

2. Taevariik on vägivalda kannatanud

Jumal laseb meil lõigata seda, mida me külvame ja tasub meile meie tegude kohaselt, sest Ta on õiglane. Seega tasutakse igaühele isegi taevas ja nad saavad oma usumõõdule vastava erineva elukoha ja erineva tasu, mis vastab nende teenimise ja jumalariigile pühendumise määrale. Jumal, kes ohverdas meile Taeva ja igavese elu andmiseks isegi heldelt oma ainsa Poja, ootab innukalt, et Ta lapsed tuleksid ja elaksid igavesti koos Temaga parimas Taevases elukohas, Uues Jeruusalemmas.

Maailma ajaloo jooksul on tugev riik tavaliselt sõdinud suhteliselt nõrgema vastu ja oma territooriumit laiendanud. Teise riigi territooriumi vallutamiseks pidi üks riik teise maale sisse tungima ja seda sõjas võitma.

Samamoodi, kui te olete Jumala laps, kellel on taevane kodakondsus, tuleb teil innuka lootusega Taeva suunas liikuda, sest teil on selle kohta väga head teadmised. Mõned võivad imestada, kuidas me julgeme kõikväelise Jumala riigi – Taeva suunas liikuda. Seega meil on vaja esiteks mõista, mida tähendab vaimselt „taevariigi ründamine" ja siis, kuidas seda tegelikult rünnata.

Ristija Johannese päevadest alates

Jeesus ütleb Matteuse 11:12: *„Ristija Johannese päevist tänini rünnatakse taevariiki ja ründajad kisuvad selle endale."* Ristija Johannese eelsed päevad viitavad Seaduse päevadele, mil inimesed pääsesid oma tegude kaudu.

Vana Testament on Uue Testamendi vari; inimesed said Jehoovast prohvetite kaudu teada ja viimased kuulutasid prohvetlikult Messiase kohta. Aga Ristija Johannese päevist alates avanes Vana Testamendi prohvetikuulutuste lõppemisega Uue Testamendi ehk nimelt Uue Tõotuse ajastu.

Meie Päästja Jeesus ilmus inimkonna ajaloo lavale mitte varjuna, vaid Ise. Ristija Johannes hakkas tunnistama Jeesusest, kes tuli niisugusel viisil. Sellest ajast algas armuaeg, mil igaüks, kes võttis Jeesuse oma Päästjaks ja sai siis Püha Vaimu, võis saada päästetud.

Igaüks, kes võtab Jeesuse Kristuse vastu ja usub Tema nimesse, saab õiguse olla Jumala laps ja minna Taevasse. Kuid Jumal jaotas Taeva mitmeks eluasemeks ja laseb igal oma lapsel seda saada vastavalt ta usumõõdule, sest Jumal on õiglane ja tasub igaühele tema tegude kohaselt. Peale selle, vaid need, kes on täiesti pühitsetud, kuna nad elavad Sõna järgi ja on oma ülesande täielikult lõpule viinud, saavad minna Uude Jeruusalemma, kus asub Jumala aujärg.

Seega te peaksite olema vägivaldne, et paremat Taevast eluaset saada, set te saate erinevasse asukohta oma usumöödule vastavalt, isegi kui lihtsalt Taevasse saab usu läbi.

Ristija Johannese ajast meie Isanda Teise Tulemiseni saab Taevasse igaüks, kes selle suunas läheb. Jeesus ütleb Johannese 14:6: *„Mina olen Tee ja Tõde ja Elu. Ükski ei saa minna Isa juurde muidu kui minu kaudu."*

Isand ütleb meile, et keegi ei tule Isa juurde muidu kui Tema kaudu, set Tema on Tee, mis viib Taevasse, Tõde ise ja Elu. Sel põhjusel tuli Ta siia maailma ja tunnistas Jumalast, et me võiksime Jumalat selgelt mõista ja õpetas meile eeskuju näidates Ise, kuidas Taevasse saada.

Taevas on jagatud erinevateks elukohtadeks

Taevas on jumalariik, kus Ta päästetud lapsed elavad igavesti. Sellest maailmast erinevalt on tegu rahuriigiga, mis ei muutu ja kus ei ole rikutust. See on täis rõõmu ja õnnelikkust ja seal pole haigusi, muret, valu ega surma, sest vaenlast saatanat ja kuradit ja pattu ei ole seal.

Isegi kui püüda ette kujutada, missugune on Taevas, tunnete te täielikku hämmastust ja üllatust kui te näete Taeva tegelikku ilu ja sära. Kui imeliselt Kõikväeline Jumal ja universumi Looja on teinud Taeva, kus Tema lapsed elavad igavesti! Kui te uurite Piiblit hoolikalt, te näete, et Taevas on jaotatud paljudeks eluasemeteks.

Jeesus ütles Johannese 14:2: „*Minu Isa majas on palju eluasemeid. Kui see nõnda ei oleks, kas ma siis oleksin teile öelnud, et ma lähen teile aset valmistama.*" Nehemja mainib ka mitmeid „taevaid": „*Sina üksi oled Isand, sina oled teinud taeva, taevaste taevad ja kõik nende väe, maa ja kõik, mis selle peal on, mered ja kõik, mis neis on. Sina annad neile kõigile elu ja taevavägi kummardab Sind*" (Nehemja 9:6).

Vanasti mõtlesid inimesed, et oli olemas vaid üks taevas, kuid tänapäeval me teame teaduse arengu tõttu, et on olemas palju ruume, peale meie maailmaruumi, mida me ihusilmaga näha võime. Üllatuseks on Jumal selle fakti juba Piiblisse kirja pannud.

Näiteks kuningas Saalomon tunnistas paljude taevaste olemasolu kohta: „*Aga kas Jumal tõesti peaks elama maa peal? Vaata, taevas ja taevaste taevas ei mahuta Sind, veel vähem siis see koda, mille ma olen ehitanud!*" (1. Kuningate raamat 8:27) Apostel Paulus tunnistas 2. Korintlastele 12:2-4, et teda viidi kolmandas taevas asetsevasse Paradiisi ja Johannese ilmutuse 21. peatükis kirjeldatakse Uut Jeruusalemma, kus asetseb Jumala aujärg.

Seega te peaksite tunnistama, et Taevas ei koosne vaid ühest elukohast, vaid paljudest. Ma liigitan Taeva mitmeks osaks, vastavalt usumõõdule ja nimetan need osad Paradiisiks, Esimeseks Kuningriigiks, Teiseks Kuningriigiks ja Kolmandaks Kuningriigiks ning Uueks Jeruusalemmaks. Paradiis on neile, kelle usk on kõige väiksem; Esimene Kuningriik on neile, kellel on parem usk kui Paradiisis olijatel; Teine Kuningriik on neile, kellel on parem usk kui Esimeses Kuningriigis olijatel; Kolmas Kuningriik on neile, kellel on parem usk kui Teises Kuningriigis olijatel. Kolmandas Kuningriigis asub Uue Jeruusalemma nimeline Püha Linn, kus on Jumala aujärg.

Taevariiki ründavad need, kellel on usk

Koreas on Ul-lŭng ja Jeju nimelised saared, maa- ja mägialad ja suur- ning väikelinnad ning pealinna alad. Seoulis, pealinnas, on Presidendi ametlik elukoht, Cheong Wa Dae. Nii nagu riik on jagatud paljudeks piirkondadeks administratiivtöö lihtsustamiseks ja eesmärgil, on taevariik jagatud samuti mitmeks eluasemeks, vastavalt rangele standardile. Teiste sõnadega määrab teie eluaseme see määr, mil te elate Jumala südame järgi.

Jumalal on nii hea meel kui te elate taevalootusega, sest see tõendab, et teil on usku ja samal ajal on see teie jaoks otsetee vaenlase saatana ja kuradi vastu lahingu võitmiseks ja pühitsuseks, kiiresti liha tegudest ja ihadest vabanemise kaudu.

Pärast Jeesuse Kristuse vastuvõtmist te saate aru, et liha tegudest on lihtne vabaks saada, kuid liha ihadest ehk teis juurdunud patuomadustest vabanemine ei ole sama lihtne.

Sellepärast need, kellel on tõene usk, püüavad pidevalt palvetada ja paastuda, et nad võiksid saada Jumala pühadeks lasteks ka liha ihadest täieliku vabanemise kaudu.

Taevasse saab vaid usu läbi ja iga elukoht määratakse vastavalt inimese tegudele, sest Taevas valitseb Jumal õigluse ja armastusega. Teiste sõnadega erineb esimesel usutasemel olija eluase teisel või kolmandal ja edasistel tasemetel oleva inimese eluasemest. Mida kõrgemal usutasemel olla, seda ilusam ja aulisem saab olema teie taevane eluase.

Te peate Taeva suunaliselt edasi liikuma

Seetõttu, kui te kvalifitseerute vaid Paradiisi minekuks, peate te võitlema edasipääsu eest Esimesse Kuningriiki ja paremate elukohtade eest Taevas. Kui te liigute edasi Taeva suunaliselt, siis kelle vastu te võitlete? See on jätkuv lahing kuradi vastu, et te peaksite kinni oma usust selles maailmas ja liiguksite Taeva väravatest edasi.

Vaenlane saatan ja kurat annavad endist parima, et viia inimesed Jumalale vastu seisma, et nad ei läheks Taevasse; et neid kahtlema panna, et neil poleks usku ja lõpuks viia nad surma, pannes neid patustama. Sellepärast peate te kuradi võitma. Te lähete paremasse eluasemesse üksnes siis kui te sarnanete Isandale, võideldes pattude vastu verevalamiseni.

Oletame, et on üks poksija. Ta talub igasugust rasket treeningut, et maailmameistriks saada. Poksija teab, et niisuguse raske treeninguga võib temast maailmameister saada ja siis ta saab nautida au, rikkust ja edu. Aga ta peab läbima valusa treeningu ja võitlema iseenda vastu, kuni ta võidab meistritiitli.

Samamoodi on Taevast kinnihoidmisega kui selle suunaliselt liikuda. Te peaksite võitlema pühitsuse võitlust, heites ära igasuguse kurjuse ja Jumalalt saadud kohuseid täites. Te peate võitma vaimse Taeva valdamise lahingu, palvetades tuliselt isegi siis kui vaenlane saatan ja kurat takistavad teid lakkamatult taevariigi suunaliselt liikumise lahingus.

Üks asi, mis te teadma peate, on see, et kuradi vastu ei ole tegelikult nii raske võidelda. Igaüks, kellel on usk, suudab vaenlase saatana ja kuradi vastu lahingut võita, sest Jumal aitab ja juhib teda taevaste vägede ja inglite ning Püha Vaimu abil.

Me peame taevast kinni hoidma, selle suunaliselt liikudes ja usu läbi võites. Pärast seda kui poksija võidab meistritiitli, peab ta püüdma toda tiitlit hoida. Aga Taevasse sisenemise võitlus on rõõmus ja meeldiv, sest mida enam võitusid te saate, seda kergemaks muutub teie patukoorem. Mil iganes te võidate lahingu, te olete nii rahul ja lahing muutub iga päevaga kergemaks, sest kõik läheb teiega hästi ja teil võib olla hea tervis samal määral, mil te hinge lugu on hea.

Pealegi, isegi kui poksijast saab maailmameister ja ta saavutab au, rikkuse ja edu, kaob ta surmaga kõik. Aga au ja õnnistused, mida te saate pärast taeva suunas liikumise lahingut, jäävad igaveseks.

Mispärast te peaksite siis oma parimat anda püüdma ja võitlema? Te peaksite olema tark inimene, kes jõuab paremasse Taevasse, liikudes vägivaldselt selle suunaliselt ja taotledes maiste asjade asemel igavesi.

Kui te tahate usu kaudu taeva suunaliselt liikuda

Kui Jeesus seletab Taeva kohta, õpetab Ta inimestele paremaks arusaamiseks tähendamissõnadega, milles räägitakse maistest asjadest. Üks niisugune on tähendamissõna sinepiivakese kohta.

> *Jeesus kõneles neile veel teise tähendamissõna: „Taevariik on sinepiivakese sarnane, mille inimene võtis ja külvas oma põllule. See on küll väiksem kõigist seemneist, ent kui taim kasvab, siis on see suurim aias ja saab puuks, nii et taeva linnud tulevad*

ja pesitsevad selle okstel" (Matteuse 13:31-32).

Kui te lööte pastapliiatsiga vastu paberitükki, jääb sellele väga väike täpp. See on peaaegu sama suur kui sinepiivake. Isegi see väike puu kasvab suureks, et taeva linnud tulevad ja pesitsevad selle okstel. Jeesus kasutab seda tähendamissõna, et näidata usu kasvuprotsessi: isegi kui teil on praegu väike usk, võite te seda suureks usuks kasvatada.

Jeesus ütleb Matteuse 17:20: *"Sest tõesti, ma ütlen teile, kui teil oleks usku sinepiivakese võrra ja te ütleksite sellele mäele: "Siirdu siit sinna!", siis ta siirduks, ja miski ei oleks teile võimatu."* Jüngrite soovile: „Kasvata meie usku," vastab Jeesus Luuka 17:6: *"Kui teil oleks usku nagu sinepiivakene, te võiksite öelda sellele mooruspuule: "Juuri end üles ja istuta merre!" ja see kuulaks teie sõna."*

Te võite mõtelda, kuidas liigutada puud või mäge sinepiivakese suuruse usuga käsku andes. Aga isegi kõige väiksem täht ega pliiatsitäpp ei kao Jumala Sõnast mingil juhul.

Milline on siis nende salmide vaimne tähendus? Te saate usu, mis on sinepiivakese suurune, kui te võtate Jeesuse vastu ja saate Püha Vaimu. See väike usk tärkab ja kasvab, kui see istutatakse südameväljale. Kui see kasvab suureks usuks, võib mäge lihtsalt käskides liigutada ja samuti ilmnevad Jumala vägevad teod nagu pimedad saavad nägijaks, kurdid kuuljaks, tummad kõnelejaks ja surnud elavaks.

Ei ole õige mõtelda, et teil ei ole usku, kuna te ei suuda Jumala väetegusid näidata või teil on ikka veel perekondlikke või töiseid probleeme. Te käite igavese elu teed koguduse koosolekutel osaledes, Jumalat kiites ja palvetades, sest teil on sinepiivakese suurune usk. Te lihtsalt ei koge Jumala vägevaid tegusid, kuna teie usumõõt on ikka väike.

Seega peab teie sinepiivakese suurune usk kasvama, et sellest saaks piisavalt suur usk, et mäge liigutada. Nii nagu istutatakse viinamarjaseeme ja kasvatatakse seda kui see tärkab, õitseb ja vilja kannab, kasvab ka usk sarnase protsessi kaudu.

Teil peab olema vaimne usk

Taevariigi suunas edasiminekuga on samamoodi. Te ei saa Uude Jeruusalemma üksnes siis, kui te ütlete: „Jah, ma usun." Te peate sammhaaval sellest kinni võtma, alates Paradiisist kuni te jõuate Uude Jeruusalemma. Uude Jeruusalemma jõudmiseks peate te selgelt teadma, kuidas sinna saada. Kui te ei tea teed, ei saa te sellest kinni haarata või võite peatuda, hoolimata oma pingutustest.

Iisraellased, kes tulid Egiptusest välja, nurisesid Moosese vastu ja ahastasid, sest neil puudus usk Punase Mere lõhestamiseks. Siis Mooses, kellel oli suur usk isegi mäe liigutamiseks, pidi Punase Mere kaheks lõhestama. Sellest hoolimata soikus iisraellaste usk ka pärast seda, kui nad nägid Punase Mere kaheks jagunemist.

Selle asemel tegid nad vasika kuju ja kummardasid seda, kui Mooses paastus ja Siinai mäel palvetas, et Kümmet Käsku saada (2. Moosese raamatu 32. peatükk). Jumal pahandas selle peale ja ütles Moosesele: *„Ma saaksin nad hävitada! Aga sind ma teen suureks rahvaks"* (10. salm). Iisraeli lastel puudus ikkagi vaimne usk Jumalale kuuletumiseks, isegi kui nad nägid, kuidas Moosese kaudu sündisid paljud imeteod ja tunnustähed.

Lõpuks ei saanud esimese iisraellaste sugupõlve seast

väljarände ajal siseneda Kaananimaale keegi peale Joosua ja Kaalebi. Kuidas läks väljarännanud teisel sugupõlvel Joosua ja Kaalebi juhatusel? Niipea kui Jumala laegast kandnud preestrid astusid Jordani jõkke Joosua juhatusel, lakkas vetevool ja kõik iisraellased võisid jõe ületada.

Pealegi nad marssisid Jumala käsule kuuletudes Jeeriko linna ümber seitse päeva ja hüüdsid siis valjult ning siis varises tugev Jeeriko kokku. Nad ei kogenud Jumala väe imelist tööd seetõttu, et neil oli füüsiline jõud, vaid kuna nad kuuletusid Joosua juhtimisele, kellel oli suur vägi, et isegi mäge liigutada. Pealegi said Iisraeli lapsed selleks ajaks samuti vaimse usu.

Kuidas võis Joosua saada nii tugeva ja suure usu? Joosua sai pärida kogemused ja usu Mooseselt, kellega ta veetis nelikümmend aastat koos kõrbes. Nii nagu Eliisa sai topelt osa Eelija vaimust, sest ta järgnes talle lõpuni, oli Joosua järglane Moosesele, keda Jumal tunnustas ja temast sai Moosest järgides ja teda teenides ja talle kuuletudes suure usuga inimene. Selle tulemusel ilmes tema kaudu väetegu – päike ja kuu peatusid (Joosua 10:12-13).

Samamoodi oli Joosuat järginud iisraellastega. Väljarände esimene sugupõlv, kes olid kahekümneaastased ja vanemad, surid kõrbes. Kuid nende järeltulijad, kes järgnesid Joosuale, võisid minna Kaananisse, sest nad olid saanud erinevate raskuste ja katsumuste kaudu vaimse usu.

Te peate vaimset usku selgelt mõistma. Mõned ütlevad, et neil oli kunagi minevikus nii hea usk, et nad olid oma koguduse truud töötegijad. Aga nad ütlevad, et nad ei ole enam ustavad, sest nende usk hääbus mingil moel. Nende väide ei kehti, sest vaimne usk ei muutu kunagi. Nende mineviku usk muutus, sest see polnud vaimne, vaid teadmiste usk. Kui see oleks tõesti vaimne usk olnud, ei oleks see ka kaua aja jooksul muutunud ega hääbunud.

Oletame, et on üks valge taskurätik. Kui ma seda teile näitan, ma küsin: „Kas te usute, et see taskurätik on valge?" Te ütlete kindlasti: „Jah." Taas, oletame, et möödub kümme aastat ja ma küsin teilt sama taskurätti hoides: „See on valge taskurätik. Kas te usute seda?" Kuidas te vastate? Mitte keegi ei kahtleks selle värvi suhtes ega ütleks, et tegu on musta värvi taskurätiga, isegi kui kaua aega on möödunud. Sama taskurätt, mida ma uskusin kümme või kakskümmend aastat tagasi valget värvi olevat, on mu usku mööda ka täna valge.

Vaatame teist tähendamissõna. Kui te lähete palverännakule Pühale Maale, te näete, et seal müüakse ümbrikusse pandud sinepiivakesi. Ühel päeval ostis üks mees sinepiivakesi ja külvas need põllule, kuid need ei tärganud; seemnetes olev elujõud suri, sest nad olid pikka aega maha panemata.

Samamoodi, isegi kui te Jeesuse Kristuse vastu võtsite ja saite Püha Vaimu ja teil on sinepiivakese suurune usk, võib teis olev Püha Vaim hääbuda kui te ei külva oma südamepõllule kaua aega usku. Sellepärast hoiatatakse 1. Tessaloonikastele 5:19: *„Ärge kustutage Vaimu."* Isegi kui teie usk on praegu sinepiivakese suurune, võib see järkjärgult kasvada, kui te istutate selle oma südamepõllule ja tegutsete usus. Aga kui te ei ela Jumala Sõna alusel kaua aega, pärast Püha Vaimu vastuvõtmist, võib Vaimu tuli kustuda.

Vaimse usuga Taevast kinni haaramine

Seega kohustute te pärast Jeesuse Kristuse vastuvõtmist ja Püha Vaimu saamist Jumala Sõna alusel elama. Jumala Sõnale vastavalt tuleb teil pattudest vabaks saada, palvetada, Jumalat kiita, õdede ja vendadega Isandas osaduses olla, evangeeliumi levitada ja üksteist armastada.

Teie usk kasvab, kui te oma usku niimoodi arendate. Näiteks teie usk võib kasvada, kui te olete oma usuvendadega osaduses, sest te võite Jumalale au anda tunnistusi jagades ja üksteisega tões vesteldes.

Te võite näha, et inimese usku mõjutavad need, kellega ta lävib. Kui vanematel on hea usk, on tõenäoliselt ka nende lastel hea usk. Kui te sõbral on hea usk, kasvab ka teie usk, sest teie usk on sõbra usu sarnane.

Vastupidiselt, kuna vaenlane saatan ja kurat püüavad teie usku võtta, ei peaks te mitte kogu aeg Jumala Sõnaga relvastuma, vaid ka lakkamatult palvetama, et vaimset lahingut võita, olles alati rõõmus ja igas olukorras Jumala väe ja meelevallaga tänades.

Siis kasvab teie sinepiivakese suurune usk suureks puuks, mis on täis lehti ja õisi ja see kannab lõpuks palju vilja. Te võite Jumalat austada, kandes rikkalikult üheksat Püha Vaimu vilja, vaimse armastuse ja valguse vilja.

Te teate kui kaua peab põllumees vaeva nägema ja kannatlik olema, et seemnete külvihetkest viljakoristuseni jõuda. Samamoodi me ei saa Taevasse lihtsalt koguduses käies. Meil on vaja selle omastamiseks ka püüelda ja vaimselt võidelda.

Kui te inimestele evangeeliumi kuulutate, võite te kohtuda mõne inimesega, kes ütleb, et nad tahavad oma elus esiteks palju raha teenida ja alles siis kui nad on veidi vanemad, kogudusse minna. Kui rumalad nad on! Te ei tea, mis sünnib homme või millal meie Isand naaseb.

Sealjuures ei saa usku päevaga ja usk ei kasva lühikese ajavahemiku jooksul. Muidugi võite te teadmisteusku omada niipalju kui te soovite. Aga Jumalalt saadud vaimne usk võib teil olla vaid siis, kui te mõistate Jumala Sõna ja elate tuliselt selle kohaselt.

Põllumees ei külva oma seemneid ükskõik kuhu. Ta harib tüki viljatut maad ja muudab selle esiteks viljakaks. Siis ta külvab sellele põllule seemneid ja kannab nende eest hoolt, neid kastes, väetades ja nii edasi. Üksnes siis saavad taimed hästi kasvada ja ta suudab rohket lõikust saada. Sarnaselt, kui teil on sinepiivakese suurune usk, peate te külvama ja oma usku harima nii, et sellest kasvab suur puu, mille okstele tulevad paljud linnud puhkama.

Teiselt poolt tähistab Matteuse 13:1-9 tähendamissõnas külvajast „lind" vaenlast kuradit, kes sööb teelt kõrvale langenud Jumala Sõna seemned ära.

See-eest tähistavad Matteuse 13:31-32 linnud inimesi: *„Taevariik on sinepiivakese sarnane, mille inimene võttis ja külvas oma põllule. See on küll väikseim kõigist seemneist, ent kui taim kasvab, siis on see suurim aias ja saab puuks, nii et taeva linnud tulevad ja pesitsevad selle okstel."*

Nii nagu paljud linnud puhkavad ja pesitsevad suure puu peal, kui teie usk kasvab kõige täielikumasse mõõtmesse, suudavad paljud inimesed teie peal vaimselt puhata, sest te saate nendega oma usku jagada ja neid Jumala armu läbi tugevaks teha.

Samuti, mida pühitsetumaks te saate, seda enam on teil vaimset armastust ja väge. Selle tagajärjel te olete vastuvõtlik paljudele inimestele ja see on otsetee vägivaldseks Taeva enesele kiskumiseks.

Jeesus ütleb Matteuse 5:5: *„Õndsad on tasased, sest nemad pärivad maa."* Selles salmis õpetatakse, et mida rohkem teie usk kasvab ja mida tasasemaks te muutute, seda suurema taevase koha te pärite.

Erinev taevane au, vastavalt usumõõdule

Apostel Paulus iseloomustab meie ülestõusnud ihusid 1. Korintlastele 15:41: *„Isesugune on päikese kirkus ja isesugune kuu kirkus ja isesugune tähtede kirkus, sest ka täht erineb tähest kirkuse poolest."* Igaüks saab erineval määral taevast au, sest Jumal tasub igaühele vastavalt tema tegudele.

Siin tähistab „päikese kirkus" au, mida omavad need, kes on täiesti pühitsetud ja ustavad kogu Jumala koja üle. „Kuu kirkus" tähistab inimeste au, mis jääb päikese toredusele alla ja „tähtede kirkus" tähendab au, mis on inimestel, kellel on nõrgem usk, kui kuu kirkusega inimestel.

Fraas „üks täht erineb teisest kirkuse poolest" tähendab, et nii nagu iga täht on erineva ereduse määraga, saab igaüks pärast ülestõusmist meie seast erinevaid taevaseid tasusid ja taevaseid aukraade, isegi kui nad lähevad samasse taevasesse asupaika.

Niimoodi räägitakse Piiblis, et meil igaühel on erinev au, kui me läheme pärast ülestõusmist Taevasse. See paneb meid aru saama, et meie taevased elupaigad ja autasud erinevad vastavalt sellele, kui palju vaimset usku meil on pattudest vabanemise kaudu ja kui ustavad me oleme jumalariigile selles maailmas elamise ajal.

Aga kurjad inimesed ja oma pattudest vabanemisel ja oma ülesannete täitmisel laisad ei saa Taevasse, vaid selle asemel heidetakse nad äärmisesse pimedusse (Matteuse 25). Seega te peate ilusa Taeva suunas usu läbi jõuga edasi liikuma.

Kuidas Taeva suunas liikuda

Selle maailma inimesed veedavad kogu oma elu, püüdes saada rikkust, mida nad ei saa igavesti omada. Mõned inimesed teevad väga palju tööd ja pingutavad püksirihma, et osta omale maja, teised õpivad ja pingutavad ning ei saa piisavalt magada, et nad saaksid hea töökoha. Kui inimesed annavad endist parimat, et siin, selles üürikest aega kestvas maailmas paremini elada, kui palju enam peaksime me Taeva igavese elu jaoks vaeva nägema? Vaatleme üksikasjalikult, kuidas Taeva suunas edasi liikuda.

Esiteks tuleb Jumala Sõnale kuuletuda. Ta õhutab teid oma päästet kartuse ja värinaga edasi valmistama (Filiplastele 2:12). Vaenlane saatan ja kurat näpsavad te usu ära kui te pole ärkvel. Seega te peaksite pidama Jumala Sõna *„magusamaks kui mesi ja kui kärjemesi"* (Laul 19:11) ja selles püsima. Te ei saa päästetud mitte selle läbi, et te hüüate Jeesust „Isand, Isand," vaid siis kui te tegutsete Püha Vaimu abil vastavalt Jumala tahtele.

Teiseks te peate end Jumala täie sõjavarustusega rüütama. Selleks, et olla Isanda võimsas väes tugev ja kuradi sepitsuste vastu seista, tuleb teil selga panna kogu Jumala sõjavarustus. Te ei võitle liha ja vere vastu, vaid valitsejate ja meelevaldade ja selle pimeduse maailma võimude ja taevaaluste vaimsete kurjuse jõudude vastu. Sellepärast suudate te kurjal päeval seista vaid siis, kui te riietute kogu Jumala sõjavarustusega ja jääte püsima, kui te olete kõik teinud (Efeslastele 6:10-13).

Seega peate te seisma kindlalt, tõevöö ümber vöökoha, õiguse soomusrüü paigas ja jalgades valmidus minna kuulutama rõõmusõnumit rahust. Kõigele sellele lisaks võtke usukilp, millega te võite kustutada kõik kurja põlevad nooled. Võtke päästekiiver ja vaimumõõk, mis on Jumala Sõna. Ning palvetage igal ajal Vaimus igasuguste palvete ja anumistega. Ja selleks valvake kogu püsivusega ja eestpalvetega kõigi pühade eest (Efeslastele 6:14-18). Teie taevane asukoht määratakse selle alusel, kui palju te kasutate Jumala täit sõjarüüd oma seljas ja kui palju te võidate vaenlast saatanat ja kuradit.

Kolmandaks, teil peab alati olema vaimne armastus. Te saate usu kaudu Taevasse pääseda ja taevalootusega võite te tões püsida. Armastuse väega suudate te olla ka pühitsetud ja ustav kõigis oma kohustustes.

Lisaks veel, kui te saavutate täieliku armastuse, saate te minna Uude Jeruusalemma, kõige kaunimasse taevasesse paika. Te peate saavutama täieliku armastuse, et elada Uues Jeruusalemmas, kus on Jumal, sest Ta on armastus.

Nii nagu apostel Paulus räägib 1. Korintlastele 13:13: *„Ent nüüd jääb usk, lootus, armastus, need kolm, aga suurim neist on armastus,"* peate te Taeva suunas liikuma vaimse armastusega. Lisaks tuleb teil teada, et taevane eluase määratakse selle alusel, kui palju armastust te lõpuks omale saate.

3. Eri asukohad ja aukroonid

Kolmemõõtmelises maailmas elavad inimesed ei suuda

neljamõõtmelise maailma osaks oleva Taeva kohta teadmisi omada. Aga usuinimesena ajab isegi sõna „Taevas" kõla teid põnevile ja täis rõõmu, sest taevariik on teie kodu, kus te elate igavesti. Kui te saate Taeva kohta üksikasjalikke teadmisi, siis ei tee see mitte üksnes teie hinge lugu heaks, vaid ka teie usk kasvab kiiremini, sest te täitute taevariigi lootusega.

Taevas on palju elukohti, mille Jumal on oma lastele valmistanud (5. Moosese raamat 10:14; 1. Kuningate raamat 8:27; Nehemja 9:6; Laul 148:4; Johannese 14:2). Igaüks teie seast saab erineva elukohta, vastavalt teie usumõõdule ja kuna Jumal on õiglane, annab Ta teie külvile vastava lõikuse (Galaatlastele 6:7) ja tasub teile tehtule vastavalt (Matteuse 16:27; Johannese ilmutus 2:23).

Nii nagu ma juba mainisin, on taevariik jagatud mitmeks kohaks nagu Paradiis, Esimene kuningriik, Teine kuningriik ja Kolmas kuningriik, kus asub Uus Jeruusalemm. Jumala aujärg asub Uues Jeruusalemmas, nii nagu Korea Presidendi ametlik residents, Cheong Wa Dae, asub pealinnas Seoulis ja Ameerika Ühendrikide Presidendi ametlik residents, Valge Maja, asub riigi pealinnas Washington, D.C.-s.

Piiblis räägitakse samuti eri liiki aukroonidest, mille Jumala lapsed tasuks saavad. Paljude ülesannete seas on hingede toomine Isanda juurde ja Tema pühamu ülesehitus kõige suuremaid autasusid väärt.

Hingede Isanda juurde toomiseks on mitu teed. Te võite osaleda inimestele evangeeliumi kuulutamisel ja aidata töös, andes eriliiki ohvriande või inimestele evangeeliumi kuulutamist kaudselt aidata kui te teete jumalariigi heaks oma erinevate talentidega ustavalt tööd. Niisugune hingede Jumala juurde toomise kaudne viis on ka tähtis jumalariigi laiendamiseks, nii nagu iga kehaosa on hädavajalik.

Siiski pälvib otsene osalemine inimestele evangeeliumi kuulutamisel ja pühamu ülesehitamisel, kuhu inimesed kogunevad Jumalat ülistama, suurimat tasu, sest see vastab Jeesuse janu kustutamisele ja Tema vere eest tasumisele.

On olemas erinevad standardid, mille alusel teenida taevast aukrooni ja nende väärtuslikkuse määr erineb krooniti. Iga inimese aukrooni järgi võib tunda tema pühitsuse määra, autasu ja taevast elukohta, nii nagu monarhia ajal võis inimese riietuse põhjal tema ühiskondlikku seisundit ära tunda.

Vaatame lähemalt usumõõdu, taevaste elukohtade ja aukroonide suhteid.

Paradiis esimese usutasemega inimeste jaoks

Paradiis on madalaim taevane paik, kuid see on kujuteldamatult rõõmus, ilus ja rahulik, võrreldes selle maailmaga. Veel enam, kuivõrd õnnis paik see on, kui arvestada tõsiasja, et seal ei ole üldse pattu! Paradiis on palju parem koht kui Eedeni aed, kuhu Jumal pani Aadama ja Eeva pärast neile kuju andmist elama.

Paradiis on ilus koht, kuhu voolab Elujõgi, mis lähtub Jumala aujärjelt, pärast seda kui see voolab Kolmandast Teise ja sealt Esimesse kuningriiki. Jõe mõlemal küljel on elupuu, mis kannab vilja kaksteist korda, andes iga kuu oma vilja (Johannese ilmutus 22:2).

Paradiis on neile, kes on Jeesuse Kristuse vastu võtnud, kuid kellel puuduvad usuteod. Paradiisi pääsevad esimesel usutasemel olevad inimesed, kes said vaevu päästetud ja võtsid vastu Püha Vaimu. Neile ei anta aukroone ega autasu, sest nad ei teinud usutegusid.

Luuka 23:43 näeb, et Jeesus ütles ristil Ta ühel küljel asuvale kurjategijale: *„Tõesti, ma ütlen sulle, juba täna oled sa koos minuga Paradiisis."* See ei tähenda ilmtingimata, nagu Jeesus jääks vaid Paradiisi; Jeesus on kõikjal Taevas, sest Ta on Taeva valitseja. Piiblis on samuti kirjas, et Jeesus läks pärast surma Ülemisse hauda, mitte Paradiisi.

Efeslastele 4:9 küsitakse: *„Aga see, et Ta on läinud üles, mis on see muud, kui et Ta on esmalt tulnud alla maa sügavamatesse paikadesse?"* Samuti kirjutatakse 1. Peetruse 3:18-19: *„Sest ka Kristus kannatas pattude pärast üheainsa korra, õige ülekohtuste eest, et Ta teid juhiks Jumala juurde, olles küll ihu poolest surmatud, ent elustatud vaimu läbi, kelles Ta läks ja kuulutas vangis olevaile vaimudele."* Teiste sõnadega, Jeesus läks Ülemisse Hauda ja kuulutas seal evangeeliumi ja tõusis kolmandal päeval surnuist taas elavaks.

Seega Jeesuse ütlus: *„Täna oled sa koos minuga Paradiisis"* tähendab, et Jeesus nägi usus ette tõika, et kurjategija saab päästetud ja läheb lõpuks Paradiisi. Kurjategija sai vaevu häbistava pääsemise osaliseks ja läks Paradiisi, sest ta võttis Jeesuse üksnes surmaeelselt vastu ja ei näinud vaeva oma pattude vastu võitlemise ega jumalariigi jaoks oma ülesannete täitmisega.

Taeva Esimene kuningriik

Missugune koht on Taeva Esimene kuningriik? Niimoodi

nagu erineb elu Paradiisis ja selles maailmas, on Taeva Esimene kuningriik võrreldamatult õnnelikum ja rõõmsam koht kui Paradiis.

Kui Esimesse kuningriiki läinud inimese õnne võrrelda kuldkala õnnetundega akvaariumis, võib Teise kuningriiki läinu õnnetunnet võrrelda vaalaskala õnnetundega hiigelsuures Vaikses Ookeanis. Nii nagu akvaariumis olev kuldkala tunneb end kõige mugavamalt ja õnnelikumalt akvaariumis olles, tunneb see, kes on Esimesse Kuningriiki läinud, rahuldust oma sealolekust ja on tõeliselt õnnelik.

Nüüd te teate, et igas taevases asupaigas on erinev õnnelikkuse määr. Kas te võite ette kujutada, kui auline elu on Uues Jeruusalemmas, kus asub Jumala aujärg? See on hiilgav, ilus ja jahmatama panev ning teie kujutlustest palju etem. Sellepärast te peaksite usinalt usku kasvatama, lootes pääseda Uude Jeruusalemma, rahuldumata Paradiisi või Esimesse kuningriiki jõudmisega.

Kui te saate Jeesuse Kristuse Päästjana vastu võtmise kaudu Jumala lapseks, siis jõuate te Püha Vaimu abiga varsti teisele usutasemele, kus te püüate Jumala Sõna alusel elada. Selles staadiumis te püüate pidada kinni Tema Sõnast niipalju kui te seda tundma õpite, kuid te ei ela selle järgi veel täielikult.

Samamoodi on veel alla aastase imikuga, kes püüab seista, hoolimata korduvast kukkumisest. Pärast seda kui ta on palju harjutanud, suudab ta lõpuks seista ja tatsata ja proovib varsti isegi joosta. Kui vaimustav ja armas on imik ema jaoks, kui ta niimoodi edasi kasvab.

Samamoodi on usustaadiumitega. Nii nagu imik püüab seista, käia ja joosta, kuna ta on elus, liigub usk, kuna selles sisaldub elu, edasi teise usutaseme ja siis kolmanda usutaseme suunas. Seega, Jumal annab Esimese kuningriigi neile, kes on teisel usutasemel, sest Jumal armastab ka neid.

Kadumatu kroon

Esimeses Taeva Kuningriigis antakse teile aukroon. Taevas on mitut liiki aukroone, nii nagu Taevas ise on jagatud paljudeks eluasemeteks: kadumatu kroon, aukroon, elukroon, kuldkroon ja õiguse kroon. Nende kroonide seast antakse Esimeses kuningriigis olijaile kadumatu kroon.

2. Timoteosele 2:5-6 öeldakse: *„Ja kui keegi võistleb, ei saa ta ometi võidupärga, kui ta ei võistle korrakohaselt. Tööd rügav põllumees peab esimesena saama osa viljast."* Kui meile tasutakse meie töö eest selles maailmas, tasutakse meile ka siis, kui me käime kitsast teed mööda, et jõuda Taevasse.

Sportlasele antakse kuldmedal või loorberipärg ainult siis, kui ta on reeglitekohaselt võistelnud ja võidab. Samamoodi suudate teie saada krooni ainult siis, kui te võistlete Jumala Sõna alusel, kui te jõuliselt Taeva suunas edasi liigute.

Jeesus ütles: *„Mitte igaüks, kes mulle ütleb: „Isand, Isand!"*, *ei saa taevariiki; saab vaid see, kes teeb mu Isa tahtmist, kes on Taevas"* (Matteuse 7:21). Isegi kui keegi väidab end Jumalat uskuvat, kui ta eirab vaimset seadust, Jumala seadust, ei saa ta mingit krooni, kuna tal on vaid mõistuseusk ja ta sarnaneb lihtsalt mingile sportlasele, kes ei võistle reeglitekohaselt.

Aga isegi siis kui teil on nõrk usk, saate te kadumatu krooni, niikaua kuni te püüate võidujooksus Jumala reeglite alusel võistelda. Te saate kadumatu krooni, sest teid võidakse pidada võidujooksus reeglitekohaselt osalenuks ja võistelnuks.

Uskuva inimese võidujooks on vaimne võitlus vaenlase kuradi ja patu vastu. Võidujooksu võitja saab autasuks vaenlase kuradi võitmise eest kadumatu krooni.

Oletame, et te käite vaid pühapäevahommikusel ülistuskoosolekul ja kohtute pärastlõunal sõpradega. Sel puhul ei saa te isegi kadumatut krooni, sest te olete kaotanud juba lahingu vaenlase saatana ja kuradi vastu.

1. Korintlastele 9:25 väidetakse kindlalt, et: *„Ent iga võistleja on kasin kõiges; nemad küll selleks, et saada närtsivat pärga, aga meie, et saada närtsimatut."*

Samamoodi, nagu igaüks, kes mängus võistleb, läbib karmi treeningu ja võistleb reeglitekohaselt, peaksime meiegi Taevasse jõudmiseks läbima karmi ettevalmistuse ja elama Jumala tahte kohaselt. Nähes, et Jumal valmistab ette isegi kadumatu krooni nende jaoks, kes püüavad Tema seaduse alusel siin maailmas elada, me teame, kui suur on meie Jumala armastuse küllus!

Pealegi, erinevalt Paradiisist, valmistatakse Esimesse kuningriiki tulijaile autasud. Sobivad tasud ja au antakse neile, kes sinna paika lähevad, sest nad on Isanda nimel näinud jumalariigi heaks vaeva.

Teine kuningriik

Taeva teine kuningriik on Esimesest taseme võrra kõrgemal Kolmandal usutasemel olijad, kes elavad Jumala Sõna alusel, saavad Teise kuningriiki minna. Korea pealinna Seouli läheduses on satelliitlinnad ja neid linnu ümbritsevad äärelinnad. Samamoodi asetseb Taevas Uus Jeruusalemm Kolmanda kuningriigi keskel ja Kolmanda kuningriigi ümber on Teine kuningriik, Esimene kuningriik ja Paradiis. Muidugi, see ei tähenda, et iga taevane elukoht on selle maailma linnade moel laiali laotunud.

Me ei suuda piiratud inimlike teadmistega mõista õigesti imeliselt ja saladuslikult kavandatud Taevast. Te peate püüdma seda võimalikult palju mõista, ometi te ei pruugi sellest õigesti aru saada, isegi siis kui te püüate seda oma mõtete ja ettekujutuse varal ette kujutada. Te võite Taevast aru saada oma usu kasvamisega võrdeliselt, sest Taevast ei saa millegi maisega selgitada.

Kuningas Saalomon, kes oli väga rikas, edukas ja võimas, kurtis vanas eas: *„Tühisuste tühisus,"* ütleb Koguja, *„tühisuste tühisus, kõik on tühine!" Mis kasu on inimesel kogu oma vaevast, millega ta ennast vaevab päikese all?* (Koguja 1:2-3)

Jakoobuse 4:14 tuletatakse meile samamoodi meelde: *„Teie,kes ei tea, missugune on homme teie elu! Te olete ju aur, mida on hetke näha, ja siis see haihtub."* Inimese suur rikkus ja edu siin maailmas kestab ainult üürikest aega ja kaob peagi.

Igavese eluga võrreldes on elu, mida me täna elame, nagu udu, mis ilmub üürikeseks ja siis kaob. Kuid Jumalalt saadud aukroon on igavene, mis ei hävi iialgi ja see on kallis ja hinnaline autasu, mille üle saab igavesti uhkust tunda.

Kuivõrd tähenduseta on siis inimelu, kui inimene ei suuda Jumalale au anda, kui ta oma usku Temasse tunnistab! Aga kui inimene on kolmandal usutasemel, sest ta teeb kõike siiralt, kuuleb ta sageli oma ligimesi tunnistamas: „Pärast sinuga kohtumist peaksin ma koguduses käima hakkama!"

Ta annab niimoodi Jumalale au ja sellepärast tasub Jumal talle aukrooniga.

Aukroon

1. Peetruse 5:2-4 on kirjas Jumala nõue meile:

Hoidke teile hoida antud Jumala karja, mitte sunni pärast, vaid vabatahtlikult Jumala meele järgi, mitte häbiväärses kasuahnuses, vaid andunult, mitte nagu isandad liisuosa üle, vaid olles karjale eeskujuks. Ning siis kui Ülemkarjane saab avalikuks, võite te võtta vastu kirkuse närtsimatu pärja.

Kui te lähete kolmandale usutasemele, kiirgub teist Kristuse head lõhna, sest teie kõne ja käitumine muutuvad piisavalt, et teha teist maailma valgus ja sool, kui te heidate endast patud ära, seistes neile vastu verevalamiseni. Kui inimene, kes vihastus varem kergesti ja rääkis teistele vastu, muutub tasaseks ja räägib teistest vaid head, ütlevad tema lähedased: „Sellest ajast, kui temast sai kristlane, on ta nii palju muutunud." Niimoodi saab Jumal tema läbi austatud.

Seetõttu antakse kadumatu aukroon sellele, kes saab karjale heaks eeskujuks, sest ta austab Teda, oma pattudest usinalt vabanemise ja ustavusega Jumalalt saadud ülesandele selles maailmas. See, mida me oleme Isanda nimel teinud ja mida me oleme oma kohuse täitmiseks teinud, pattudest vabanemisega, koguneb taevaseks autasuks.

Selle maailma au kõduneb, kuid kogu Jumalale antud au ei hääbu kunagi ja see naaseb teile aukroonina, mis ei kao iial.

Vahel te võite endalt küsida: „See inimene peaks igati täiuslik olema, ta sarnaneb oma suure ustavusega Jumala tööle Isanda suhtumisele. Kuid miks on tema sees veel kurjust?"

Sel juhul ta ei ole veel täiesti pühitsetud oma patu vastu võideldes, kuid ta austab Jumalat, andes enesest parimat, et oma kohust täita. Sellepärast saab ta aukrooni, mis ei hääbu iialgi.

Miks seda kutsutakse siis „aukrooniks"? Suurem osa inimestest saab auhinna oma eluaja jooksul vähemalt ühe või paar korda. Mida suurema auhinna te saate, seda õnnelikumaks ja kiitlevamaks see teid teeb. Sellest hoolimata, kui vaadata veidi aja pärast tagasi, te tunnete, et selle maailma au on väärtusetu. Tunnistus teie saavutuste eest muutub kulunud paberileheks, trofee kattub tolmuga ja kord nii tugevad mälestused hääbuvad.

Vastupidiselt, Taevas antav au ei muutu kunagi. Tollepärast ütles Jeesus: *„Koguge endile aardeid Taevasse, kus koi ega rooste neid ei riku ja kuhu vargad sisse ei murra ega varasta!"* (Matteuse 6:20)

Seega näitab „aukroon," kui seda võrrelda käesoleva maailma kroonidega, et aukrooni au ja sära on igavesed. Nähes, et isegi taevane kroon on igavene ja ei hävi, te võite ette kujutada, kui täiuslik on seal kõik.

Kuidas tunnevad end siis inimesed madalamas taevases kohas – Paradiisis või Esimeses kuningriigis – kui neid külastab keegi, kes kannab aukrooni? Taevas imetlevad ja austavad alamates elukohtades olevad inimesed kogu südamest kõrgemal olijaid ja kummaduvad nende ees, tõstmata silmigi, nii nagu alamad kummarduvad kuninga ette.

Sellest hoolimata teda ei vihata ja tema vastu ei tunta armukadedust ega kadedust, sest Taevas ei ole kurja. Selle asemel vaatavad inimesed teda austuse ja armastusega. Taevas ei ole mingit ebamugavustunnet ega uhkust, hoolimata sellest, kas te kummardute ise austusega või teid austatakse, kuna te elate ülemas elukohas. Inimesed lihtsalt austavad või tervitavad teisi armastusega, pidades igaühte kalliks.

Kolmas kuningriik

Taeva Kolmas kuningriik on nende jaoks, kes elavad täielikult Jumala Sõna järgi ja kellel on usk märterluseks ning kes peavad Jumala ülima armastuse valguses oma elu tühiseks. Neljandal usutasemel olevad inimesed on valmis Isanda eest surema.

Korea Chosuni dünastia viimaste päevade ajal tapeti palju kristlasi. Sel ajal leidis aset suur kristluse tagakius ja rõhumine. Valitsus lubas isegi tasu neile, kes teatasid kristlaste asukohast. Sellest hoolimata ei kartnud Ameerika Ühendriikide ja Euroopa misjonärid surma, vaid levitasid evangeeliumi veel tulisemalt. Paljusid tapeti, kuni saabus tänapäeval näha olev evangeeliumi õitseng.

Seega, kui te tahate olla misjonär teisel maal, ma soovitan, et teil oleks märtri usk. Isegi kui keegi kannatab välismaal misjonärina töötades raskusi, suudab ta töötada rõõmu ja tänuga, sest ta teab, et tema kannatused ja vaev saavad Taevas rikkaliku tasu.

Mõned võivad mõtelda: „Aga ma elan riigis, kus ei ole tagakiusu, sest siin on usuvabadus. Kuid ma tunnen end halvasti, et ma ei saa jumalariigi eest märtrisurma surra, sest mul on märtrina suremiseks tugev usk." Kuid selles ei ole asi. Tänapäeval ei ole teil evangeeliumi levitamiseks vaja märtrisurma surra, nii nagu algkoguduse päevil juhtus.

Muidugi, vajadusel peaksid märtrid olemas olema. Aga kui te

saate Jumala heaks rohkem tegusid teha, isegi kui teil on usk oma elu ohverdamiseks, kas poleks Tal teist suurem heameel siis, isegi kui te ei sure märtrisurma? Pealegi, Jumal, kes teie südame läbi otsib, teab, missugust usku te näitate üles evangeeliumi heaks eluohtlikesse olukordadesse sattudes; Ta teab, mis on teie südame sügavustes ja keskmes. Teie jaoks võib olla kallis märtrina elada, kuid nagu vanasõnas öeldakse: „Elada on raskem kui surra."

Me võime oma igapäevaelus seista silmitsi paljude elu ja surma küsimustega, mille jaoks on vaja märtriusku. Näiteks on võimatu kogu ööpäev paastuda ja palvetada, kui teil puudub tugev otsusekindlus ja usk, sest Jumalalt vastuse saamiseks paastutakse ja palvetatakse, riskides oma elu kaotada. Missugused inimesed saavad siis Taeva Kolmandasse kuningriiki minna? Sinna võivad minna need, kes on täielikult pühitsetud.

Kuna algkoguduse ajal oli palju inimesi, kes suutsid Jeesuse Kristuse eest surra, võisid paljud nende seast vastata Kolmanda kuningriigi nõuetele. Kuid tänapäeval, kuna inimese kurjus maa peal on suur, saavad Kolmandasse kuningriiki minna vaid ülimalt vähesed, kes on eriliselt silma paistnud sellega, et nad on Jumala ees oma pattudest loobunud.

Isade usuga inimesed võivad minna Kolmandasse kuningriiki, kuna nad vabanesid kõikidest pattudest igasuguseid raskusi ja katsumusi võites, täiesti pühitsetuks saades ja surmani ustavad olles. Seetõttu on nad Jumalale kallid ja Ta laseb oma inglitel ja taevastel vägedel neid valvata ja katab nad aupilvega.

Elukroon

Missuguse krooni saavad inimesed Kolmandas kuningriigis? Neile antakse elukroon, nii nagu Jeesus lubas Johannese ilmutus 2:10: „*Ole ustav surmani, ja ma annan sulle elupärja!*"

Siin ei tähenda „ustav olemine" lihtsalt oma koguduse ülesannetele ustav olemist. Äärmiselt tähtis on vabaneda igasugusest kurjusest, võideldes pattude vastu verevalamiseni ja maailmaga kompromissile minemata. Kui te saate puhta püha südame, pattude vastu verevalamiseni võideldes, saate te elukrooni.

Samuti antakse teile elukroon, kui te loobute oma elust ligimeste ja sõprade eest ja kui te katsumustes pärast läbikatsumist kindlalt püsima jääte (Johannese 15:13; Jakoobuse 1:12).

Näiteks, kui inimesed sattuvad katsumustesse, taluvad paljud nende seast neid tõrksalt, tänumeeleta südames, vihastuvad talumatult või kurdavad Jumalale.

Vastupidi, kui keegi võidab katsumused rõõmuga, võidakse teda täiesti pühitsetuks pidada. Keegi, kes Jumalat väga armastab, võib olla surmani ustav ja igasugused katsumused rõõmuga võita.

Pealegi on inimeste elud väga erinevate omadustega, sõltuvalt sellest, kas on tegu esimesel, teisel, kolmandal või neljandal usutasemel olijatega. Neljandal usutasemel olijale ei saa kurjus isegi kahju teha. Isegi siis, kui teatud haigused teda ründavad, on ta sellest otsekohe teadlik.

Seega, ta paneb käe haigele kehaosale ja siis see haigus lahkub pea. Peale selle, kui inimene on viiendal usutasemel, ei saa ükski haigus teda oma valdusse võtta, sest Jumala au valgus ümbritseb teda kogu aeg.

Jumala peaeesmärk maa peal inimolendite kasvatamiseks on Kolmandasse kuningriiki ja kõrgemale minevate tõeliste laste üleskasvatamine ja saamine. Iga taevane eluase on ilus ja seal on õnn elada, aga Taevas kõige tõelisemas mõttes on Kolmandas kuningriigis ja sellest ülalpool, kuhu pääsevad ja kus elavad vaid Jumala pühad ja täiuslikud lapsed. See ala on eraldatud Jumala tõelistele lastele, kes on Jumala tahte kohaselt elanud. Seal võivad nad Jumalat palest palgesse näha.

Lisaks sellele, kuna armastuse Jumal tahab, et igaüks tuleks Taeva Kolmandasse kuningriiki ja sellest kõrgemale, aitab Ta teil Püha Vaimu abil pühitsetuks saada, andes teile oma armu ja väe kui te palvetate tulihingeliselt ja kuulete elusõna.

Õpetussõnades 17:3 öeldakse: *„Sulatuspott on hõbeda ja ahi kulla jaoks, aga Isand katsub südamed läbi."* Jumal selitab igaüht, et teha meist kõigist oma tõelised lapsed.

Ma loodan, et te saate kiiresti pühitsetuks, vabanedes oma pattudest nende vastu verevalamiseni võideldes ja saate täiusliku usu, mida Jumal teile anda tahab.

Uus Jerusalemm

Mida rohkem te Taeva kohta teate, seda saladuslikum see teile tundub. Uus Jerusalemm on kõige ilusam paik Taevas ja seal asub Jumala aujärg. Mõned võivad vääriti aru saada ja arvata, et kõik päästetud hinged elavad Uues Jeruusalemmas või kogu Taevas on Uus Jerusalemm.

Kuid lood ei ole nii. Johannese ilmutuses 21:16-17 on kirja pandud Uue Jeruusalemma linna mõõtmed: selle laius, pikkus ja kõrgus on 1400 miili (või umbes 2400 kilomeetrit). Selle ümbermõõt on umbes 5600 miili. See ala on veidi väiksem kui Hiina Keelatud linn.

Taevas võib kõigi päästetute hingedest üle rahvastatud olla, kui Taevas on vaid Uus Jeruusalemm. Kuid taevariik on kirjeldamatult avar ja Uus Jeruusalemm on vaid osa sellest.

Kes siis vastab Uude Jeruusalemma saamise tingimustele?

Õndsad on need, kes oma rüüd pesevad, et neil oleks meelevald süüa elupuust ning nad võiksid minna väravaist linna sisse! (Johannese ilmutus 22:14).

Siin tähistavad „rüüd" inimsüda ja tegusid ja „rüüde pesemine" tähendab enda ettevalmistamist Jeesuse Kristuse pruudiks hea käitumise kaudu, kui te oma südant jätkuvalt puhastate.

„Õigus elupuule" näitab, et teid päästetakse usu läbi ja te lähete Taevasse. „Väravast linna sisse minek" tähendab, et te möödute Uue Jeruusalemma pärliväravatest, pärast seda kui te lähete läbi iga Taeva kuningriigi väravate, vastavalt oma usu kasvule. See tähendab, et sel määral, mil te olete pühitsetud, võite te tulla lähemale Pühale Linnale, kus asub Jumala aujärg.

Niisiis, te võite Uude Jeruusalemma minna ainult siis, kui te olete viiendal usutasemel, kus te olete Jumalale meelepärane täie pühitsuse ja kõigile ülesannetele ustavuse tõttu. Jumalale meelepärane usk on niisugune, mis on piisavalt usutav, et liigutada isegi Jumala südant või panna Ta teilt küsima: „Mida ma võiksin sinu heaks teha?" isegi enne seda, kui te Tema käest midagi palute. See on täielik vaimne usk, usk, mis oli Jeesusel Kristusel, kes tegi kõiges Jumala südame kohaselt.

Jeesus oli Jumala kuju, kuid Ta ei arvanud osaks olla Jumalaga võrdne. Ta loobus iseenese olust, võttes orja kuju. Ta alandas iseennast ja sai kuulekaks surmani (Filiplastele 2:6-8).

Seepärast tõstis Jumal Ta kõrgemaks kõrgest ja annetas Talle selle nime, mis on üle iga nime (Filiplastele 2:9), au istuda Jumala paremal käel ja meelevalla olla Kuningate Kuningas ja Isandate Isand.

Samamoodi, et Uude Jeruusalemma pääseda, peaksite te olema nii nagu Jeesus, kuulekad surmani, kui see on Jumala tahe.

Mõned teie seast võivad enda käest küsida: „Surmani kuulekas olemine tundub üle minu võimete olevat. Kas ma saan üldse viiendale usutasemele minna?"

Niisugused tunnistused tulevad tõesti nõrga usu tõttu. Kui te õpite Uut Jeruusalemma tundma, ei tunnista teist keegi midagi taolist, sest te muutute lootusrikkamaks, et saate oma elu veeta sellises ilusas kohas.

Kui ma kirjeldan lühidalt Uue Jeruusalemma tunnusjooni ja kirkust, avardage oma ettekujutusvõime ja tundke rõõmu Püha Linna õndsusest ja veetlevast vaatepildist.

Uue Jeruusalemma ilu

Nii nagu mõrsja valmistab end peiuga kohtumiseks ette, et ta oleks kõige ilusam ja elegantsem, valmistab Jumal Uut Jeruusalemma ja ehib seda kõige kaunimal viisil. Piiblis kirjeldatakse seda Johannese ilmutuses 21:10-11:

Erinevad taevased asukohad ja aukroonid 233

Ja Ta kandis mu vaimus suurele ja kõrgele mäele ning näitas mulle linna, püha Jeruusalemma, mis on alla tulemas Taevast Jumala juurest ja millel on Jumala kirkus, ning ta valgus on kõige kallima kivi sarnane, otsekui jaspis, mis hiilgab nagu mägikristall.

Sellele lisaks on sein tehtud jaspisest ja linnamüüril on kaksteist aluskivi. Kaksteist väravat on tehtud kaheteistkümnest pärlist, iga värav ühest pärlist, ning linna tänav on puhtast kullast otsekui läbipaistev klaas (Johannese ilmutus 21:11-21).

Miks kirjeldas Jumal üksikasjalikult tänavat ja müüri linna muude hiiglaslike ja ilusate ehitiste seas? Selles maailmas peavad inimesed kõige kallimaks kulda ja nad tahavad seda omada. Inimesed eelistavad kulda, kuna see ei ole üksnes kallis, vaid ei kaota ka kunagi aja jooksul oma väärtust.

Kuid Uues Jeruusalemmas on isegi tänav, mille peal inimesed käivad, puhtast kullast ja linnamüür on erinevatest kalliskividest. Kas te kujutate ette, kui ilus on linnamüüride sees? Sellepärast kirjeldabki Jumal niimoodi teed ja linnamüüri.

Samuti ei vaja linn päikest ega lampe, mis seal paistaksid, sest see saab valgust Jumala valgusest ja seal ei ole kunagi ööd. Seal on mägikristalli säraga Eluvee jõgi, mis voolab Jumala ja Talle aujärjelt kesest suurt linnatänavat alla.

Jõe mõlemal pool on kuldsed ja hõbedased liivarannad ja elupuu, mis kannab vilja kaksteist korda, andes iga kuu oma vilja. Inimesed jalutavad aedades, mida Jumal kaunistas paljude puude ja lilledega. Kogu linn on täis rõõmu ja rahu meie Isanda Jeesuse Kristuse särava valguse ja armastuse tõttu, mida ei saa küllaldaselt selgitada selle maailma sõnadega.

Te tunnete vaimustust üksnes nende hiilgavate ja suurejooneliste vaadete nägemisest: kullast ja vääriskividest eluasemed ja läbipaistvast selgest kullast tänavad, mis helgivad pimestavalt. See maailm on rohkem kui te suudate ette kujutada ja selle kirkusele ja väärikusele ei ole võrdset.

Ja linnale ei ole vaja päikest ega kuud, et need talle paistaksid, sest Jumala kirkus valgustab teda, ning tema lamp on Tall (Johannese ilmutus 21:23).

Ma nägin uut Taevast ja uut maad; sest esimene Taevas ja esimene maa olid kadunud ning merd ei olnud enam. Ja ma nägin püha linna, uut Jeruusalemma, Taevast Jumala juurest alla tulevat, valmistatud otsekui oma mehele ehitud mõrsja (Johannese ilmutus 21:1-2).

Kelle jaoks on siis niisugune Püha Linn valmistatud? Jumal valmistas Uue Jeruusalemma kõigi päästetute hulgast oma tõelistele lastele, kes on pühad ja täiuslikud nagu Tema. Sellepärast õhutab Jumal meid täiele pühitsusele sõnadega: *„Hoiduge igasuguse kurja eest!"* (1. Tessaloonlklastele 5:22), *„Olge pühad, sest mina olen püha"* (1. Peetruse 1:16) ja *„Teie olge siis täiuslikud, nõnda nagu teie Taevane Isa on täiuslik!"* (Matteuse 5:48)

Kuid isegi kui inimesed on täielikult pühitsetud, lähevad mõned nende seast Uude Jeruusalemma ja teised jäävad Taeva Kolmandasse kuningriiki, sõltuvalt nende Jumala südamele sarnanemise määrast ja kui palju nad seda tegelikult saavutavad.

Uude Jeruusalemma minejad ei ole vaid pühitsetud, vaid nad on ka Talle meelepärased, sest nad mõistavad Tema südant ja kuuletuvad Talle surmani, vastavalt Ta tahtele.

Oletame, et peres oli kaks poega. Ühel päeval tuli isa töölt ja ütles, et tal oli janu. Vanem poeg teadis, et isa armastas karastusjooke ja tõi talle klaasi limonaadi. Lisaks ta masseeris isa ja aitas tal lõdvestuda. Vastupidiselt, noorem poeg tõi talle klaasi vett ja läks siis oma tuppa tagasi, et õppida. Kumb kahest pani isa mugavamini tundma ja oli talle meeltmööda, isa hästi tundes? See oli kindlasti vanem poeg.

Samamoodi erinevad need, kes lähevad Uude Jeruusalemma ja need, kes lähevad Taeva Kolmandasse kuningriiki Jumalale meeltmööda olemise määra poolest ja kõiges ustavuse poolest, mõistes Jumala südant.

Jeesus eristab viienda usutaseme usku kui Jumalale meelepärast usku, et te võiksite Jumala tahet paremini mõista. Jumal ütleb, et Tal on väga hea meel inimestest, kes on pühitsetud usus. Jumal ütleb, et Ta rõõmustab nendega, kes päästavad innukalt inimesi, evangeeliumi levitamise teel. Jumal ütles, et need, kes laiendavad ustavalt Tema kuningriiki ja õigsust, on Tema silmis armsad.

Kuldkroon või õigsuse kroon

Uues Jeruusalemmas olijaile antakse tasuks kuldkroon või õigsuse kroon. Need kroonid on Taeva kõige kaunimad ja neid kantakse vaid erisündmuste korral, nagu näiteks suurtel pidustustel.

Johannese ilmutuses 4:4 öeldakse: *„Ja trooni ümber oli*

kakskümmend neli trooni ning neil troonidel istus kakskümmend neli vanemat, valged rõivad üll ja peas kuldpärjad." Kakskümmend neli vanemat on kõlblikud, et Jumala aujärje ümber istuda. Siin ei tähista „vanemad" neid, kes on koguduse vanema seisuses, vaid inimesi, keda tunnustatakse kui neid, kes on Jumala südant järginud. Nad on täiesti pühitsetud ja oma südames saavutanud nii nähtava kui nähtamatu templi.

1. Korintlastele 3:16-17 räägib Jumal, et Tema Vaim teeb meie südame templiks. Seega Ta „hävitab" igaühe, kes templit häbistab. Südame nähtamatu pühamu ehitamine tähendab pattude eemaleheitmise teel vaimuinimeseks saamist ja nähtava pühamu ehitamine tähendab teie ülesannete täielikku täitmist siin maailmas.

Arv „kakskümmend neli" „kahekümne neljast vanemast" tähistab kõiki inimesi, kes mitte ei sisene pääsemise uksest usu kaudu, nagu kaksteist Iisraeli suguharu, vaid on ka täiesti pühitsetud nagu Jeesuse kaksteist apostlit olid. Kuna teid peetakse Jumala lapseks usu kaudu, saate te üheks Iisraeli rahvast ja sellele lisaks te võite minna Uude Jeruusalemma, kui te olete pühitsetud ja ustav nagu Jeesuse kaksteist jüngrit olid. „Kakskümmend neli vanemat" sümboliseerivad inimesi, kes on täiesti pühitsetud, täiesti ustavad oma ülesannetes ja keda Jumal on tunnustanud. Ta tasub neile kuldkroonidega, sest neil on usk, mis on kallis nagu puhas kuld.

Sellele lisaks annab Jumal õigsuse krooni neile, kes ei vabane üksnes oma pattudest, vaid kes ka täidavad nagu apostel Paulus oma ülesanded Jumala rahuloluks Talle meeldiva usuga. Paulus tuli toime paljude raskuste ja tagakiusuga õigsuse pärast. Ta nägi igati vaeva ja talus kõike usus, et saada jumalariiki ja õigsust kõiges, mida ta tegi, kas ta siis sõi või jõi; Paulus austas Jumalat ja näitas Tema väge kõikjal, kuhu ta läks. Seetõttu ta võis tunnistada kindlalt: *„Nüüd on mulle valmis pandud õiguse pärg, mille Isand, õiglane kohtunik, oma päeval mulle annab, aga mitte üksnes mulle, vaid kõikidele, kes igatsevad Tema ilmumist"* (2. Timoteosele 4:8).

Me oleme vaadelnud Taevast ja kuidas selle suunas edasi liikuda ja erinevad asukohti ja kroone, millega tasutakse igaühele ta usumõõtu mööda.

Ma palun meie Isanda Jeesuse Kristuse nimel, et teist saaks tark kristlane, kes ei igatse mitte kadumatuid, vaid igavesi asju ja kes liigub usus Taeva suunaliselt edasi ja kogeb igavest au ja õnne Uues Jeruusalemmas!

Autor:
Dr. Jaerock Lee

Dr Jaerock Lee sündis 1943. aastal Muanis, Jeonnami provintsis, Korea Vabariigis. Kahekümnesena oli Dr Lee mitmete ravimatute haiguste tõttu seitse aastat haige ja ootas surma ilma paranemislootuseta. Kuid õde viis ta ühel 1974. aasta kevadpäeval kogudusse ja kui ta põlvitas, et palvetada, tervendas elav Jumal ta kohe kõigist haigustest.

Hetkest kui Dr Lee kohtus selle imelise kogemuse kaudu elava Jumalaga, on ta Jumalat kogu südamest siiralt armastanud ja Jumal kutsus ta 1978. aastal end teenima. Ta palvetas tuliselt, et ta võiks Jumala tahet selgelt mõista ja seda täielikult teha ning kuuletuda kogu Jumala Sõnale. 1982. aastal asutas ta Manmini koguduse Seoulis, Lõuna-Koreas ja tema koguduses on aset leidnud arvukad Jumala teod, kaasa arvatud imepärased tervenemised ja imed.

1986. aastal ordineeriti Dr Lee Korea Jeesuse Sungkyuli koguduse aastaassambleel pastoriks ja neli aastat hiljem – 1990. aastal, hakati tema jutlusi edastama Austraalia, Venemaa, Filipiinide ülekannetes ja paljudes muudes kohtades Kaug-Ida ringhäälingukompanii, Aasia ringhäälingujaama ja Washingtoni kristliku raadiosüsteemi vahendusel.

Kolm aastat hiljem, 1993. aastal, valis *Christian World (Kristliku maailma)* ajakiri (USA) Manmini Keskkoguduse üheks „Maailma 50 tähtsamast kogudusest" ja Christian Faith College (Kristlik Usukolledž), Floridas, USA-s andis talle Teoloogia audoktori tiitli ja 1996. aastal sai ta Ph.D. teenistusalase kraadi Kingsway Teoloogiaseminarist Iowas, USA-s.

1993. aastast alates on Dr. Lee juhtinud maailma misjonitööd, viies läbi palju välismaiseid krusaade Tansaanias, Argentinas, L.A.-s, Baltimore City's, Havail ja New York City's USA-s, Ugandas, Jaapanis, Pakistanis, Kenyas, Filipiinidel, Hondurasel, Indias, Venemaal, Saksamaal, Peruus, Kongo Rahvavabariigis, Iisraelis ja Eestis.

2002. aastal kutsuti teda Korea peamistes kristlikes ajalehtedes tema väelise teenistuse tõttu erinevatel väliskoosolekusarjadel „ülemaailmseks äratusjutlustajaks". Ta kuulutas julgelt, et Jeesus Kristus on Messias ja Päästja eriti „New Yorki 2006. aasta koosolekusarja" käigus, mis toimus maailma kuulsaimal laval Madison Square Gardenis ja mida edastati 220 riiki ja Jeruusalemma rahvusvahelises koosolekukeskuses toimunud „2009. aasta Iisraeli ühendkoosolekute sarja" käigus.

Tema jutlusi edastatakse 176 riiki satelliitide kaudu, kaasa arvatud GCN TV ja ta kuulus Venemaa populaarse kristliku ajakirja *In Victory (Võidukas)* ja uudisteagentuuri *Christian Telegraph (Kristlik Telegraaf)* sõnul 2009. ja 2010. aastal oma vägeva teleedastusteenistuse ja välismaiste koguduste pastoriks olemise tõttu kümne kõige mõjukama kristliku juhi sekka.

2016. aasta augustis alates koosneb Manmini Keskkogudus rohkem kui 120 000 liikmest. Kogudusel on 11000 sisemaist ja välismaist harukogudust, mille hulka kuuluvad 56 kodumaist harukogudust ja praeguseni on sealt välja lähetatud rohkem kui 102 misjonäri 23 maale, kaasa arvatud Ameerika Ühendriigid, Venemaa, Saksamaa, Kanada, Jaapan, Hiina, Prantsusmaa, India, Kenya ja paljud muud maad.

Tänaseni on Dr. Lee kirjutanud 105 raamatut, kaasa arvatud bestsellerid *Maitsedes Igavest Elu Enne Surma, Minu Elu Minu Usk I ja II osa, Risti Sõnum, Usu Mõõt, Taevas I ja II* osa, *Põrgu, Ärka Iisrael!* ja Jumala Vägi ja tema teosed on tõlgitud enam kui 76 keelde.

Tema kristlikud veerud ilmuvad väljaannetes *The Hankook Ilbo, The JoongAng Daily, The Chosun Ilbo, The Dong-A Ilbo, The Hankyoreh Shinmun, The Seoul Shinmun, The Kyunghyang Shinmun, The Korea Economic Daily, The Korea Herald, The Shisa News* ja *The Christian Press*.

Dr. Lee on praegu mitme misjoniorganisatsiooni ja –ühingu asutaja ja president, kaasa arvatud Jeesuse Kristuse Ühendatud Pühaduskogudus (The United Holiness Church of Jesus Christ) esimees; Ülemaailmse Kristliku Äratusmisjoni Liidu (The World Christianity Revival Mission Association) asutaja; Ülemaailmse Kristliku Võrgu (Global Christian Network) asutaja ja juhatuse esimees; Ülemaailmse Kristlike Arstide Võrgu WCDN (The World Christian Doctors Network) asutaja ja juhatuse esimees; Manmini Rahvusvahelise Seminari (Manmin International Seminary) asutaja ja juhatuse esimees.

Teised kaalukad teosed samalt autorilt

Taevas I & II

Üksikasjalik ülevaade taevakodanike toredast elukeskkonnast keset Jumala au ja taevariigi eri tasemete ilus kirjeldus.

Risti Sõnum

Võimas äratussõnum kõigile, kes on vaimses unes! Sellest raamatust leiate te põhjuse, miks Jeesus on ainus Päästja ja tõeline Jumala armastus.

Põrgu

Tõsine sõnum kogu inimkonnale Jumalalt, kes soovib, et ükski hing ei sattuks põrgu sügavustesse! Te leiate mitte kunagi varem ilmutatud ülevaate surmavalla ja põrgu julmast tegelikkusest.

Seitse Kogudust

Isanda tõsimeelsed sõnumid usklike ja koguduste vaimsest unest äratamiseks, mis saadeti seitsmesse kogudusse Johannese ilmutuse 2. ja 3. peatüki alusel ja mis räägivad kõikidest Isanda kogudustest.

Enne Surma Igavese Elu Maitsmine

Tunnistus dr Jaerock Lee mälestuseks, kes sündis uuesti ja päästeti surmaorust ja kes on elanud eeskujulikku kristlikku elu.

Ärka, Iisrael

Miks on Jumal pidanud Iisraeli maailma algusest kuni tänapäevani silmas? Missugune Jumala ettehoole on lõpuajaks valmistatud Iisraelile, kes ootab Messiase tulekut?

Minu Elu ja Mu Usk I & II

Kõige hõrgum vaimne lõhn, mis tuleb Jumala armastusega õilmitsevast elust keset süngeid laineid, külma iket ja sügavaimat meeleheidet.

Jumala Vägi

Kohustuslik kirjandus, mis on vajalik juhis tõelise usu omamiseks ja Jumala imelise väe kogemiseks.

www.urimbooks.com

www.ingramcontent.com/pod-product-compliance
Lightning Source LLC
LaVergne TN
LVHW041757060526
838201LV00046B/1032